spielen und lernen in Kindergarten und Familie

von Gisela Walter

Anregungen und Spiel- und Bastelanleitungen
Über 500 Ideen für Eltern und ErzieherInnen

velber

Impressum

„spielen und lernen"
in Kindergarten und Familie
von Gisela Walter

Herausgeber:	Klaus Ruhl
Konzeption und Redaktion:	Gisela Walter
Art-direction:	Detlef Kersten
Gestaltung:	Regina Bruch
Illustrationen:	Antje Burger
Umschlagfotos:	Ursula Markus
Gesamtherstellung:	Jütte Druck, Leipzig

Spiel doch mit mir!

... rufen die Kinder und schauen Sie erwartungsvoll an.
Kennen Sie diese Situation? Angenommen, Sie hätten Zeit, eine Stunde oder zwei oder sogar einen ganzen Nachmittag lang. Aber **was** *wollen Sie miteinander spielen? Es muß etwas sein, das Ihnen und den Kindern gleichen Spaß macht!*

Dazu ein Tip: Denken Sie an Spiele, die Sie selbst als Kind gerne gespielt haben. Lassen Sie die Erinnerungen wieder hochkommen! Spüren Sie dabei die Spiellaune, den Spaß am Phantasieren, die Lust am Abenteuer?

Das ist die beste Voraussetzung für die richtige Spielauswahl und die Garantie für ein gelungenes Spiel zusammen mit den Kindern. Na, dann kann es ja losgehen! Wenn Sie nun in diesem Buch blättern, werden Sie sicher ein Spiel finden, das Sie gleich umsetzen wollen, egal, ob Sie eine kurze oder lange Zeit zum Spielen mit den Kindern frei haben!

Zur raschen Orientierung sind die Kapitel dieses Buches zugleich typische Spielsituationen.
Sie können wählen:
1. Wollen Sie mit den Kindern draußen einfach spielen?
2. Oder wollen Sie mit Spielsachen spielen?
3. Oder gefällt es Ihnen mehr, mit den Kindern die Welt der Sinne zu erleben?
4. Ist es Ihr Anliegen, daß die Kinder im Spiel die sozialen Kontakte bewußt erleben ?
5. Sind Ihre Kinder wißbegierig, neugierig und wollen viel lernen?
6. Sind Sie jemand, der sich gerne draußen in der Natur aufhält?
7. Haben Sie Lust auf ein großes Abenteuerspiel mit den Kindern?
8. Oder sind für Sie Feste und Bräuche Anlaß, mit den Kindern etwas Besonderes zu machen?

Der vorliegende Sammelband enthält die schönsten Spiel- und Bastelanregungen, die in den Kindergarten-Kalendern von „spielen und lernen“ beschrieben sind. Es sind altbekannte und neue Spiele, Musik- und Theaterspiele, Experimente und kleine Zaubereien, Geschichten und Gesprächsanlässe, Lustiges und Ernstes.

Alle Spiele sind so beschrieben, daß sie nicht nur im Kindergarten ausgeführt werden können, sondern auch zu Hause, mit der Familie, allein mit Geschwistern, mit Nachbarn oder Freunden. Extra für Spielgruppen oder Kindertagesstätten sind Sonderthemen und Wochenprogramme zusammengestellt, die auch bestens geeignet sind für die Planung eines tollen Familien-Ferienprogramms.

Und so wünsche ich Ihnen allerbeste Spiellaune, viel Spielphantasie und eine fröhliche Kinderspielzeit!

Gisela Walter

Diplompädagogin, Redakteurin, Kinderbuchautorin

Inhalt

Sonne, Wind und Regen 8

Hurra, die Sonne scheint
Die Sonne macht gute Laune 10
Sonnenlicht und Schatten
Warum ist es hell? 12
Wenn der Wind weht
Was der Wind alles kann 14
Prima Regenwetter
Bald wird es regnen 16
Wolken sind Bilder am Himmel
Ein Wolkengesicht 18
Leise rieselt der Schnee
Es schneit! Endlich! 20

Lieblingspielsachen 22

Murmeln und Kreisel
Sie klickern und klackern, kullern und rollen 24
Luftballons und Seifenblasen
Sie fliegen und schweben durch die Luft 26
Muscheln, Sand und Kieselsteine
Das sind die schönsten Naturspielsachen 28
Klötze und Knete
Ein endlos knautschiges Knetespiel 30
Puppenecke und Kasperltheater
Da kichert und lacht es, kaspert und tanzt es 32
Hosenknopf und Taschentuch
Die einfachsten Spielsachen sind am schönsten 34

Mit allen Sinnen 36

Riechen
So eine Schnüffelei 38
Schmecken
Das mag ich am liebsten 40
Tasten und Fühlen
Was unsere Hände alles können 42
Schauen
Schau, wie weit wir sehen können 44
Hören
Der hört die Flöhe husten 46

Miteinander leben 48

Ich und du
Kennst du mich? 50
Freunde und Freundinnen
Sie stecken unter einer Decke 52
Die neuen Kinder
kommen in die Gruppe 54
Wohnraum Kindergarten
Den lieben langen Tag miteinander wohnen 56
Der Oma-Opa-Tag
ist inzwischen Tradition geworden 58
Meine Familie
und fremde Familien 60

Inhalt

Spielen und lernen 62

Bunte Farbenwelt
Ist die Murmel rot oder blau? 64

Zahlen und Zählen
Eins, zwei, drei, wer hat das Ei? 66

Messer, Gabel, Scher und Licht...
sind für kleine Kinder nicht? 68

Post und Kaufladen
Die schönsten Kaufläden gehören der Tante Emma 70

Minute, Stunde, Tag und Jahr
Kinder, wie die Zeit vergeht 72

Verkehrserziehung
Kleine Träumer werden aufmerksame Straßenpassanten 74

Von Pflanzen und Tieren 76

Auf der Wiese
Endlich ist der Frühling da! 78

Ein Garten im Kindergarten
Kinder-Garten diesmal wörtlich genommen 80

Schätze der Natur
Aus Naturmaterial können Kinder die schönsten Spielsachen basteln 82

Katz und Maus
und andere Tiere 84

Schau mal, ein winziges Krabbeltier
Naturschutz fängt bei kleinen Tierchen an 86

Bauernhof und Zoo
Hier kennen sich die Kinder aus 88

Abenteuer im Kindergarten 92

Die große Schatzsuche
und eine Löwenjagd ... 92

Märchentag
mit Schneewittchen, Frau Holle, Rumpelstilzchen ... 94

Ritter und Drachen-Ungeheuer
Gibt es Drachen – oder gibt es sie nicht? ... 96

Gespenstertag
Hilfe, die Geister kommen! ... 98

Feld-Wald-Wiesen-Tag
Der Kindergarten findet heute auf einer Waldwiese statt ... 100

Zirkustag
An jedem Tag ist ein bißchen Zirkus ... 102

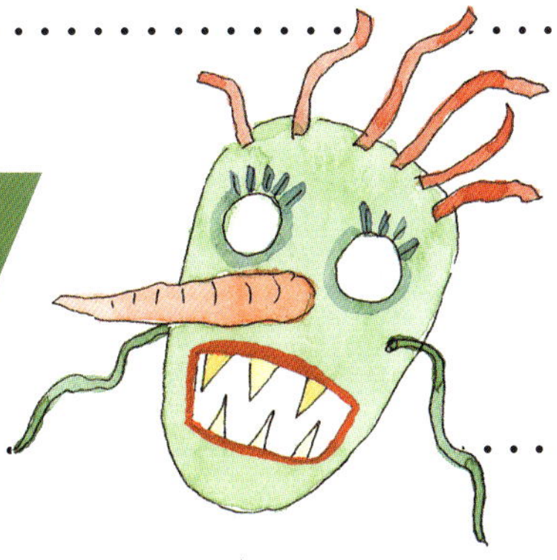

Feste und Bräuche 104

Das neue Jahr
Ein Neujahrs-Durcheinander ... 106

Fastnacht
Mummenschanz und Narrentanz gab es schon immer ... 108

Osterfest
Der Mond zeigt an, wann Ostern ist ... 110

Muttertag
Eine Erfindung aus den USA ... 112

Erntedankfest
Dieses Fest macht neuen Sinn ... 114

St. Martinsfest
Ein Tag mit vielen Bräuchen ... 116

Adventszeit
Eine Zeit mit vielen Überraschungen ... 118

Nikolaustag
Der Nikolaus gehört einfach dazu ... 120

Weihnachten
Jeden Tag ein bißchen mehr ... 122

Weihnachtsfest
Wann ist denn das richtige Fest? ... 124

Sonne, Wind und Regen

Wenn die Sonne lockt, drängen die Kinder hinaus in den Garten, und die Natur lädt sie ein zum Springen und Klettern, zum Bauen und Spielen. Wenn sich Regenwolken zusammenbrauen, dann wissen die Kinder, bald gibt es große Pfützen zum Durchrennen und Spritzen, das Gras wird schön glitschig zum Rutschen und der Sand prima pappig zum Burgenbauen. Und wenn der Wind um die Ecke pfeift, dann gibt es wieder andere Spiele; er läßt die Drachen hoch in die Luft steigen, die Fähnchen flattern und die Blätter tanzen.

Doch auch der Winter ist willkommen, denn er bringt Schnee und Eis als Baumaterial für Schneemänner und Schneeburgen, er verwandelt den Wiesenhang in eine schnelle Schlittenbahn und die Wege in lustige Rutschbahnen. Niemand hat für die Kinder so viele verschiedene Spiele und Spielsachen bereit, wie das Wetter und die Jahreszeiten.
Und was die Kinder dabei sonst noch beobachten, ausprobieren, phantasievoll verändern, gestalten und lernen können, das werden Sie bei den Spielen zeigen.

Zum Kopieren und Anmalen

Hurra, die Sonne scheint!

Die Sonne macht gute Laune

Wenn nach grauen Regentagen wieder die Sonne scheint, dann sind die Leute fröhlich und vergnügt, der Himmel zeigt sein schönstes Himmelblau, die Bienen und Käfer summen und schwirren eifrig umher, die Vögel zwitschern und trällern, und die Schmetterlinge tanzen miteinander.
Die ganze Welt scheint gut gelaunt zu sein. Das spüren die Kinder, das steckt an! Hat das mit der Sonne etwas zu tun? Vielleicht! Und was meinen die Kinder dazu? Was können sie sonst noch beobachten?

Eine Sonnenwoche

Montag: Sonnenblumen basteln: Aus Kartonpapier schneiden die Kinder große Sonnenblumenblüten aus, die Blütenblätter sind aus Buntpapier und extra angeklebt, ein Stecken ist der Blumenstengel. Sie können auch in einen mit Sand gefüllten Eimer gesteckt werden und sind ein wunderschöner Zimmerschmuck!

Dienstag: Sonnenwörter sammeln: Sonnenbrille, Sonnenschirm, Sonnenuntergang, Sonnentag.

Mittwoch: Sonne, Sonne scheine: Die Kinder singen alle Sonnenlieder, die wir kennen.

Donnerstag: Sonnenhüte: Aus Zeitungspapier kann man lustige Sonnenhüte falten oder kleben und mit Wasserfarben bunt anmalen. So ein Papierhut schützt tatsächlich vor starken Strahlen.

Freitag: Wasser-Spieltag: Die Kinder bringen Badezeug und Handtücher mit. Im Garten stehen viele Wannen und Eimer und ausgeliehene Planschbecken, randvoll mit Wasser gefüllt. Die Sandspielsachen wie Eimer und Schaufel werden zu Wasserspielsachen umfunktioniert. Spiele? Die werden die Kinder selber erfinden!

Sonnentanz

An einem schönen Sonnentag, wenn die Kinder die fröhliche Stimmung der Leute beobachtet haben und selbst am liebsten vor Übermut tanzen und springen wollen, dann ist das die beste Laune für diesen Sonnentanz.

Bunte Bänder aus Kreppapier sind die Sonnenstrahlen, die Sonnenfarben sind hellgelb, dunkelgelb, sonnengelb, orange, hellrot, dunkelrot, vielleicht paßt noch lila und rosa dazu. Wer kein Kreppapier zur Hand hat, der findet sicher in der Basteltruhe bunte Stoffe, die die Kinder in dünne Streifen schneiden können.

Die Kinder nehmen in jede Hand ein paar Bänder. Und mit schwungvoller Kassetten-Musik drehen sich die Sonnentänzer im Kreis, so daß die Sonnenstrahlen-Bänder flattern.

Wilde Wiesenspiele

Die schönsten und wildesten Tobespiele können die Kinder nur draußen spielen. Das macht Spaß, vor allem, wenn Sie auch mitmachen oder wenigstens als Spielleiter dabei sind. Hier eine Spielesammlung von wilden Wiesenspielen.

Hindernislauf

Mit Stühlen, Reifen, Seilen, Steinen, Stecken, Taschentüchern, Sand- und Wassereimern bauen die Kinder den Hindernislauf selbst auf. Ob man drüber, drunter oder drum herum rennen muß, das bestimmen die Kinder. Dann kann es losgehen, alle hintereinander, oder als Stafette in zwei Gruppen, oder einzeln mit Stoppuhr oder auch zu zweit.

Tunnelgang

Die Kinder stehen hintereinander, die Beine sind gegrätscht und bilden einen Tunnel. Der erste gibt einen Gegenstand unter den Beinen durch, zum Beispiel einen Ball, ein Spielzeugauto, ein Taschentuch. Die andern geben diesen Gegenstand weiter. Der letzte nimmt ihn, rennt nach vorne, und weiter geht's mit Durchreichen.

Man kann gleichzeitig mehrere Gegenstände durch den Tunnel schicken. Da heißt es aufgepaßt! Man kann Stafetten mit zwei, drei oder mehr Gruppen durchführen. Und zum Schluß krabbeln die Kinder selber durch den Tunnel, der erste beginnt und stellt sich hinten wieder auf. Wie lange? Bis die Kinder vor Lachen nicht mehr können.

Noch mehr Ideen!

Sommerwetter–Wasserspiele

- Stafette mit Bechern, die randvoll mit Wasser gefüllt werden, da schwappt viel über den Rand.
- über einen Wasserstrahl springen, unter einem Wasserstrahl durchschlüpfen.
- Experimente im Planschbecken: Was schwimmt?
- mit dem Wasserstrahl einer Spritzflasche auf einen Steinboden Wasserbilder malen.
- mit patschnassen Füßen auf den Steinboden Wasserfußspuren setzen.
- einen nassen Schwamm in einen Eimer zielen.
- einen Luftballon mit wenig Wasser füllen, so daß sich das Gummi nicht ausdehnt, dann den Wasserballon verknoten. Das sind niedliche knuffelige Dinger, viel zu schade, um sie als Wasserwurfgeschoß zu benutzen. Man kann sie tagelang knuddeln und knatschen, sie halten dicht!

Sonnenlicht und Schatten

Warum ist es hell?

Ja, stellen Sie mal den Kindern diese Frage! Die Überraschung ist gelungen, und manche Kinder werden Sie etwas komisch anschauen: Warum stellen Sie diese Frage, das sollten Sie doch als Erwachsener wissen? Klar wissen Sie's! Doch vielleicht können auch Kinder diese Frage beantworten. Und vielleicht macht dieses Gespräch neugierig, so daß die Kinder noch viel mehr wissen wollen, zum Beispiel, warum es tagsüber hell ist, warum die Sonne untergeht, warum es nachts dunkel ist, warum es Licht gibt und Dunkelheit.

Sonnenuhr im Sandkasten

Der Sandkasten wird für einen Tag in eine Sonnenuhr verwandelt. Das können die Kinder selber machen. Den Sand mit einem Rechen eben ziehen und in der Mitte einen Stab aufstellen. Der Stab wirft nun in den Sand eine Schattenlinie. Diese wird mit dem Finger im Sand nachgezogen. Nach einer Stunde wird verglichen. Eine Küchenuhr klingelt zur rechten Zeit. Wo ist jetzt der Schatten? Wieder wird mit dem Finger entlang der Schattenlinie eine Furche in den Sand gezogen. Das geht so lange, bis es Abend wird. Und am andern Tag wird die Zeit auf der Sonnenuhr nachgelesen.

Was sind Sonnenstrahlen?

Die Sonne bringt uns das Tageslicht. Ihre Sonnenstrahlen sind so hell und stark, daß sie die Welt anleuchten und uns Licht geben. Sonnenstrahlen kann man sehen. Zum Beispiel wenn sich am Himmel eine dicke Wolke vor die Sonne schiebt, dann sieht man am Wolkenrand die Sonnenstrahlen vorbeileuchten. Wie gerade Lichtlinien sehen sie aus. Wenn man bei Sonnenlicht einen Waldspaziergang macht, dann kann man Sonnenstrahlen durch die Tannenzweige leuchten sehen. Und wenn an einem hellen Sonnentag die Sonne direkt ins Zimmer scheint, dann kann man die Vorhänge zuziehen und nur einen ganz schmalen Schlitz offenlassen. Durch diesen kommen die Sonnenstrahlen ins Zimmer. Das sieht toll aus. Ausprobieren!

Schattenspiele an der Hauswand

Wenn draußen die Sonnen so richtig hell scheint, so daß das Licht beinahe blendet, dann ist das eine prima Gelegenheit für ein lustiges Schattenspiel an der Hauswand. Da zappelt Moritz wie ein Hampelmann mit Händen und Füßen, und das Schattenkind an der Wand macht alles nach.

Felix streckt die Zunge heraus. Nanu, das kann man gar nicht sehen? Doch, wenn man den Kopf zur Seite dreht und das Profil zeigt, dann streckt auch der Schatten-Kasper an der Wand seine Zunge heraus.

Daneben steht ein Ungeheuer mit vier Armen! Es sind Jan und Jonas, sie stehen so dicht hintereinander, daß man nur einen Körper sehen kann, aber ihre Arme strecken sie weit auseinander. Das macht Spaß, solche verrückten Schattengestalten und Ungeheuer an der Wand lebendig werden zu lassen.

Schatten-Ratespiel

Ein Tischtuch ist die Leinwand des Schattentheaters und wird mit Wäscheleine und Klammern zwischen zwei Kletterstangen befestigt. Hauptsache, die Sonne scheint direkt drauf. Wenn nicht, dann muß man einen anderen Standort im Garten suchen.
Das Ratespiel geht so: Ein Kind stellt sich hinter die Leinwand, die andern sehen nur den Schatten und raten, wer es ist.

Oder: Einer hält ein Spielzeug hoch, die andern raten. Der Schatten kann manchmal sehr komisch aussehen, so daß das Schattenrätsel gar nicht einfach ist. Aber Spaß macht es!
Und wenn sich die Sonne hinter einer Wolkendecke verzieht, dann kann das Spiel im Gruppenraum fortgesetzt werden. Die Wäscheleine wird zwischen Tür und Schrank oder Fenster gespannt, und eine Schreibtischlampe ersetzt das Sonnenlicht.

Extra-Thema: Hell und dunkel

Montag: Auf Entdeckungsreise: Wo ist es hell, wo dunkel? Die Kinder spazieren durch den Kindergarten und suchen drinnen und draußen nach hellen und dunklen Ecken.

Dienstag: Helle Farben, dunkle Farben: Von jeder Farbe gibt es helle und dunkle Töne. Wer zeigt ein Hellrot, wer findet ein Dunkelrot? Wer entdeckt einen Gegenstand, der hellblau ist, und was ist dunkelblau? Die Kinder sammeln entsprechend farbige Gegenstände ein und legen sie zum Vergleich nebeneinander.

Mittwoch: Fingerschattenspiel: Dies ist ein beliebtes Spiel, das alle Kinder rund um die Welt kennen. Beginnen Sie mit ein paar Beispielen, dem Hund, dem Adler, dem Schwan. Und dann können die Kinder mit lustigen Phantasiefiguren weitermachen.

Donnerstag: Nachttiere: Wenn es dunkel und Nacht ist, dann ist es Zeit für Kinder, ins Bett zu gehen und zu schlafen. Doch draußen in der Natur gibt es Tiere, die werden jetzt erst munter, zum Beispiel die Katzen, die Igel, die Nachtkäuzchen oder die Fledermäuse. Sie alle können sich in der Dunkelheit zurechtfinden. Erzählen Sie mehr von den Nachttieren.

Freitag: Die Taschenlampe: Sie ist ein nützliches Gerät, mit dem wir in all die dunklen Ecken leuchten können. Wie sieht denn so ein Ding von innen aus? Wenn sich die Kinder dafür interessieren, dann schrauben Sie eine Taschenlampe einfach auf und erklären, wie sie funktioniert. Das finden Kinder sehr spannend.

Wenn der Wind weht

Was der Wind alles kann

Der Wind heult und pfeift ums Haus – und er kann noch viel mehr: Er treibt die Wolken an, rüttelt an Fensterläden, zerrt an Zweigen und Ästen, läßt Blätter tanzen, wirbelt Straßenstaub auf, bläst Windräder an und trägt Drachen himmelhoch. Die Kinder wissen sicher noch mehr Dinge vom Wind zu erzählen.

Wilde Windschlange

Wenn der Wind so richtig bläst und weht, dann wollen die Kinder einen Drachen steigen lassen. Doch einen Drachen zu bauen, das ist gar nicht einfach. Wie wäre es, statt dessen eine Windschlange zu basteln?
Das geht so: Man braucht dazu ein langes Stück Stoff, je länger, desto besser, eventuell auch den Stoff mehrmals zusammennähen oder mit Stoffkleber kleben. Die Schlange kann fünf bis acht Meter lang und nur etwa 10 cm breit sein. Sie wird am Kopf an eine dicke Schnur gebunden.
Und ab geht's auf die Wiese, wo ein heftiger Wind ungeduldig darauf wartet, die Windschlange zu packen und mit ihr zu schlängeln, zu ringeln und zu kringeln.

Blättertanz mit Wind

Die Kinder sind die Herbstblätter, die auf dem Boden liegen, mal da, mal dort, ein paar auch eng nebeneinander. Da kommt der Wind, genauer gesagt ist es Lena, wirbelt durch den Raum, und wenn sie an einem Blatt vorbeisaust, dann fährt dieses in die Höhe, dreht sich, wirbelt ein paar Schritte mit und sinkt wieder langsam auf den Boden. Aber nicht lange. Bald wird der Wind wieder vorbeikommen und die Blätter ein Stückchen mitnehmen.
Wie lange geht das Spiel?
Bis die Blätter-Kinder erschöpft am Boden liegenbleiben und kein Windstoß sie mehr wegblasen kann.
Jedes Kind darf mal Wind sein.

Wochenthema: Der wilde Wind

Montag: Den Wind spüren: Wenn draußen ein kräftiger Wind weht, dann ziehen die Kinder ihre Jacken an – und raus geht es in den Garten. Was fühlt man? Der Wind kann zum Beispiel sanft über die Haare streichen, stürmisch die Locken zerzausen. Was noch?

Dienstag: Den Wind malen: Geht denn das? Die Kinder haben bestimmt Ideen, wie sie den Luftikus mit bunten Farben auf einem Blatt Papier sichtbar machen können, mit Kringeln, Wellen und Wirbeln und mit vielen bunten Farben.

Mittwoch: Windrädchen: Windrädchen basteln ist ganz einfach. Vielleicht hilft man den Kindern dabei, das Windrad an einem Stab zu befestigen. Und an einem herrlichen Wind-Tag werden alle Windrädchen im Garten in den Boden gesteckt. Wenn das keine Einladung zu einem Windfest-Nachmittag ist!

Donnerstag: Windwörter: Es gibt wunderschöne Wörter, die das Geräusch des Windes beschreiben: Sausen, wirbeln, schütteln, tanzen, rütteln, heulen, toben, blasen, pfeifen ... Vielleicht wissen die Kinder noch mehr Wörter?

Freitag: Windmusik: So wie der Wind pfeifen, blasen, toben und heulen kann, können es die Kinder auch. Entweder mit dem Mund oder mit Musikinstrumenten. Ein Wind-Dirigent zeigt mit seinen Händen die Bewegung des Windes und damit den Musikanten, wie wild oder sanft, wie langsam oder schnell die Windmusik gespielt wird.

Ein Spielhaus für den Wind

Der Wind ist ein recht verspielter Typ. Vielleicht haben die Kinder Lust, ihm ein kleines Spielhaus zu bauen? Wenn der Wind damit spielt, können die Kinder das nicht nur sehen, sondern auch hören.

Das Windhaus wird so gebaut: Holzlatten sind das Hausgerüst und werden mit Schnüren oder Nägeln zu einem stabilen Haus zusammengebaut. Dann suchen und basteln die Kinder Windspielsachen: Bänder werden festgebunden, Stoffzöpfe geflochten und angeknüpft, Papierbällchen geknäuelt, mit Schnüren umwickelt und am Gestell befestigt, Perlenketten aufgefädelt und angebunden, Blechdosen, Flaschen, Holzstäbe und große Zimmermanns-Nägel werden einzeln an Schnüre gebunden und so aufgehängt, daß sie aneinanderstoßen und klimpern und klappern.

Windblasespiel auf dem Tisch

Die Kinder können selbst Wind sein und pusten und blasen wie ein heftiger Wirbelwind. Leider kann man den kräftigen Luftzug gar nicht sehen, denn Luft ist durchsichtig und unsichtbar. Aber daß Dinge durch den Luftstoß bewegt werden, das sieht man wohl. Dazu dieses Spiel.

Am besten geht das Windblasespiel mit kleinen Wattebällchen oder Papierbällchen. Wer kann so einen kleinen Ball mit einem Windstoß, das heißt einem Pusten, über den Tisch treiben? Wer kann das Bällchen durch ein Bauklotz-Tor blasen? Später werden Hindernisse für die Rennstrecke aufgebaut.
Jetzt muß der „Wind" sehr geschickt blasen, wenn er das Bällchen zum Ziel rollen möchte.

Dieses Spiel ermöglicht den Kindern, immer wieder neue Spielregeln selbst zu erfinden und neue Spielsachen einzusetzen.

Prima

Regenwetter

Bald wird es regnen

Woher weiß man das?
Die Kinder stehen am Fenster und schauen und beobachten, wie sich bei aufkommendem Regen die Welt draußen verändert. Ein Wind kommt auf, er treibt die Regenwolken heran, die Wolken werden dunkler, es wird kühler.
Wer etwas entdeckt, sagt es den andern. Das kann manchmal recht lange dauern, bis es endlich regnet. Doch diese Zeit sollten wir uns nehmen.

Den Regen hautnah spüren

Wenn die Temperatur draußen mild ist, dann sollten die Kinder den Regen auch mal „hautnah" erleben. Die Erwachsenen scheinen ja vor dem Regen Angst zu haben, denn wenn es regnet, rennen sie schnell davon, als würde ihnen der Regen etwas antun. Das machen die Kinder anders!
Mit Regenmantel und Gummistiefeln geht es hinaus, das Regenwetter anzuschauen. Wenigstens ein paar Minuten. Wie soll man denn sonst wissen, wie sich ein Regen anfühlt? Das ist herrlich, wie die Tropfen auf die Hand platschen – tut gar nicht weh! Und wie das Regenwasser rundum spritzt! Ist irgendwo eine Pfütze? Dann nichts wie hinein. Diesmal ist das Pfützenspringen erlaubt. Die Kinder haben schließlich nicht umsonst ihre Regensachen an. Was ist das Ziel dieser Aktion? Den Kindern zu zeigen, daß Regen etwas Schönes ist. Denn wir brauchen den Regen, weil die Natur das Regenwasser braucht! Erzählen Sie mehr davon.

Wahre Regengeschichten

Was machen die Tiere draußen, wenn es regnet? Sie krabbeln in ihre Erdhöhlen, sitzen in Bäumen, verstecken sich in Büschen, kriechen unter Steine. Nur der Regenwurm kommt so schnell er kann aus seinen Erdgängen herausgekrochen. Warum? Das Regenwasser fließt in seine Gänge und er könnte ertrinken. Und was machen die Kühe und Schafe draußen auf der Weide? Gar nichts, sie stellen sich alle in Windrichtung auf und warten bis der Regen vorbei ist. So gibt es von vielen Tieren etwas zu erzählen. Das interessiert die Kinder. Vielleicht weiß ein Kind auch eine Regengeschichte von seiner Katze oder seinem Hund?

Jeden Tag ein bißchen Regenwetter

Montag: Regentropfen spüren: Wer schafft es, mit seiner Handfläche einen Regentropfen einzufangen? Wer kann das mit seiner Zunge? Wer ist so mutig, und streckt sein Gesicht den Regentropfen entgegen?

Dienstag: Pfützenboote: Der Regen ist vorüber und draußen in Hof und Garten sind große Pfützen. Fast zu schade, um die Pfützen einfach so liegenzulassen. Sie werden zu kleinen Seen, und selbstgefaltete Papierschiffchen schaukeln auf ihren Wellen.

Mittwoch: Regenwetter-Stafette: Diese Stafette hat seinen besonderen Reiz, aber erst dann, wenn es draußen tüchtig regnet. Wer mitmachen will, kommt in den Hausflur. Dort liegen große Gummistiefel, ein Regenmantel und ein großer Schirm. Der Mutigste beginnt, zieht alles an und wandert los, den großen Regenschirm dicht über dem Kopf. Der Regen-Weg ist eine kleine Runde im Garten und wieder zurück. Dann wird alles ausgezogen, und der nächste ist an der Reihe. Kleine Kontrolle: Kein bißchen naß geworden!

Donnerstag: Regentropfen-Klopfen: Draußen regnet es, die Tropfen spielen lustige Trommelmusik am Fensterglas. Das können die Kinder auch, mit ihren Fingern auf dem Tisch. Immer lauter und schneller klingt das Regenklopfen, bald wird es ein Regentrommeln. Da knallt eine flache Hand als Blitz auf die Tischfläche, und gleich danach trommeln alle Kinderfäuste so laut sie können hinterher.

Freitag: Regenwetter-Schlupfwinkel: Manchmal ist das Regenwetter gar nicht schön, alles ist grau, naß und kalt. Wie kuschelig, warm und bequem ist es jetzt im Regenwetter-Schlupfwinkel. Er ist von den Kindern selbst zusammengebaut aus Decken und Kissen und Tüchern. Und dort kann man sich leise schöne Geschichten erzählen und den Regen vergessen.

Gewitter-Musikanten

Natürlich wird Gewittermusik nur dann gespielt, wenn es draußen tatsächlich gewittert. Wie beginnt die Musik? Die Kinder bringen ihre Beobachtungen ein und überlegen, wie man die Gewittergeräusche mit Musikinstrumenten nachahmen kann:

Mit welchem Instrument könnte man den Wind spielen? Vielleicht mit der Hand über ein Trommelfell streichen oder eine Rassel langsam drehen?

Und was klingt wie Regentropfen? Vielleicht die Holzklangstäbe oder ein Xylophon? Wie spielen wir den prasselnden Regen? Vielleicht mit Rasseln und Rätschen und wilden Xylophontönen? Dann kommt der Blitz! Den kann man zwar nicht hören, aber in unserem Musikspiel könnten Triangeln und Beckenschläge den Blitz „vertonen".

Und den ungeheuren Donner, den spielen die Kinder natürlich mit den allerlautesten Trommeldonnerschlägen. Sind alle Instrumente ausgewählt und laute und leise Töne und sanfte und wilde Klänge abgesprochen, dann kann die gemeinsame Gewittermusik beginnen. Sie erzählen die Gewittergeschichte und machen nach jedem Satz eine kleine Pause, in der die Kinder ihre Musik spielen, passend zu Ihrem Text.

Die Geschichte könnte so beginnen: In der Ferne hören wir ganz leise den Wind – er wird stärker – immer stärker – und pfeift schon ganz laut um die Ecken – dann hören wir die ersten Regentropfen – sie werden lauter – und heftiger – es prasselt auf die Straßen – ...usw.

Wolken sind Bilder am Himmel

Ein Wolkengesicht

Schön sieht das aus, wenn große, dicke, weiße Wolken am Himmel vorüberziehen. Gleicht die eine Wolke nicht einem Gesicht? Jetzt bekommt es einen Bart, der wird länger und länger, und schließlich zieht sich das Wolkengebilde so weit in die Länge, daß das Bild wieder verschwindet. Daneben erscheint ein Krokodil, es reißt sein Maul auf, als würde es gähnen, oder ist es eher ein Nilpferd? Dieses Wolken-Phantasie-Spiel fällt den Kindern leicht, immer witzigere und verrücktere Bilder-Ideen kommen ihnen in den Sinn. Kein Wunder, ihre Phantasie ist eben riesengroß! Und nachher werden die schönsten Wolkenbilder mit dicken Wachsmalkreiden auf blaues Tonpapier gemalt.

So verstehen es Kinder:

Wolken bestehen aus vielen, vielen, winzig kleinen Wassertröpfchen. Diese steigen zuerst in sonnenheißer Luft als Dampf auf, von Meeren, Seen oder Flüssen und von der feuchten Erde. Weit oben im Himmel ist die Luft sehr kalt, die kleinen Wassertröpfchen drängen dicht aneinander und bilden so eine Wolke. Je mehr Wassertröpfchen sich zusammendrängeln, desto größer und schwerer werden die Tropfen in der Wolke und fallen schließlich als Regen zur Erde. Jetzt beginnt die unendliche Geschichte wieder von vorne. Die Sonne läßt mit ihrer Hitze kleine Wassertröpfchen verdampfen…

Wolkenreise nach Afrika

Wer will mit auf eine Phantasiereise? Zuerst nehmen alle Kinder Platz, setzen sich auf ihr Wolkenkissen und schließen die Augen. Dann erzählen Sie: Wir wandern auf eine Sommerwiese, es ist warm, die Blumen duften, die Vögel singen… da segelt eine Wolke vom Himmel herab, langsam schwebt sie auf die Wiese und landet sanft im Gras… wir gehen zur Wolke und fühlen, wie kuschelig weich sie ist… einer nach dem andern klettert auf die Wolke… und wenn wir wollen, dann schwebt sie langsam wieder in die Höhe… wir machen es uns bequem… schieben ein Wolkenstück zur Seite, daß wir auf die Erde schauen können… was gibt es da alles zu sehen… Und nun schildern Sie einen Wolkenflug über Wiesen und Wälder, oder Dörfer und Städte, oder über Wüste, Urwald oder Regenwald, oder nach Afrika, Amerika oder ins Phantasieschloß „Wolkenberg". Jede Phantasiereise beginnt mit den gleichen Worten und Bildern. Das Reiseziel können sie vorher festlegen. Die Rückreise verläuft auch immer gleich, alle Bilder, die die Kinder auf der Hinreise gesehen haben, werden noch einmal beschrieben, bis zurück zum Anfangsort, die Sommerwiese mit den duftenden Blumen und singenden Vögeln.

Künstlerwoche: Lauter Wolkenbilder

Montag: Wattewolken – Die Kinder malen einen schönen, blauen Himmel auf ein Blatt Papier, dann setzen sie viele Schäfchenwolken drauf und kleben sie fest. Wenn man alle Wolkenbilder zusammenlegt, entsteht ein großer Wolkenhimmel.

Dienstag: Wolkenfarben – Wolken sind nicht nur weiß, sondern können auch grau oder schwarz aussehen und Gewitterwolken sein, sie können am Abend oder am Morgen rosarot oder sogar richtig dunkelrot leuchten. Wenn die Kinder aufmerksam die Wolkenfarben betrachten, fällt es ihnen leicht, mit Wasserfarben bunte Wolkenbilder zu gestalten.

Mittwoch: Himmelblau, ganz genau – Der Himmel ist auch nicht nur himmelblau, sondern hat viele Farben. Diesmal sind die Kinder Himmelsforscher und malen den Himmel ganz genau ab, mit all den hellen und dunklen Farben und Flecken und Wolkenformen.

Donnerstag: Wolkenhimmel im Gruppenraum – Wie sieht der Himmel im Gruppenraum aus, genauer gesagt die Decke? Könnte man nicht eine Ecke davon einfach himmelblau streichen oder ein himmelblaues Tuch dort oben befestigen? Die Kinder könnten dann aus weißem Karton viele Wolken schneiden oder reißen und in den Himmel hängen.

Freitag: Wolkenkuckucksheim – Ein Wolkenschloß gibt es im Märchen – oder in der Phantasiereise. Wie sieht es aus? Gibt es Türen und Fenster, Türme und Mauern, Garten und Hof, Brücken und Wege? Die Kinder malen ein traumhaft schönes Wolkenschloß.

Von Federwolken und Schleierwolken

Wenn die Kinder immer wieder die Wolken am Himmel beobachten, dann werden sie bald selbst entdecken, wie unterschiedlich die Wolkenbildung am Himmel ist. Wie spannend zu erfahren, daß all die Wolkenformen auch spezielle Namen haben: Haufenwolken heißen die dicken Wolkenberge, Schäfchenwolken die kleinen, weißen Wölkchen.

Und die Federwolken und Schleierwolken sehen so aus, wie sie heißen. Die Regenwolken sind die dicken, schwarz-grauen Wolken, die manchmal den ganzen Himmel verdunkeln.

Wolkenkissen-Schmusewolke

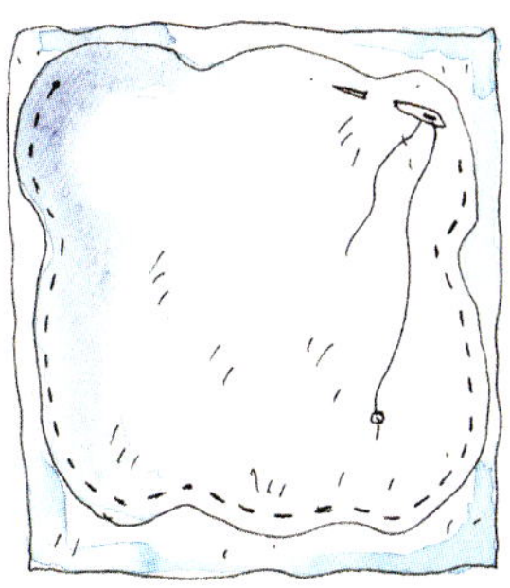

Die Kinder bringen einen alten, weißen Kissenbezug mit.
Darauf malen sie eine dicke, kugelige Wolke und nähen sie mit vielen Steppstichen selbst zusammen.
Die Wolke sollte so groß wie ein Sofakissen sein. Wenn diese Näharbeit nicht so flott von der Hand geht, macht das gar nichts. Die Kinder können mehrere Tage daran arbeiten, täglich zehn Minuten, das reicht.

Eines Tages wird das Wolkenkissen fertig sein, und stolz kann das Kind sagen: Das hab ich ganz allein gemacht!
Nun wird das Kissen gefüllt, dazu kann man weiche Wollreste oder alte, weiche Pulloverteile oder Füllwatte nehmen. Diese Wolke wird bestimmt das liebste Kuschelkissen und ist auch prima geeignet für die nachfolgende Phantasiereise.

Leise
rieselt der Schnee

Es schneit! Endlich!

Die Kinder sind begeistert, wenn die ersten Schneeflocken fallen. Da heißt es Jacken, Mäntel, Mützen und Stiefel anziehen und hinaus geht's in den Garten. Es macht Spaß, den Schneeflocken nachzujagen. Wer erwischt ein Flöckchen? Es macht Spaß, mit den Schneeflocken zu tanzen und im Garten umherzuwirbeln.
Und es macht Spaß, ein bißchen von der Winterkälte zu spüren. Wie sollen denn die Kinder sonst erfahren, was Winter und Kälte sind? Doch dann geht es wieder zurück in den warmen Gruppenraum, dort steht schon ein wohlriechender Früchtetee bereit und wird alle Rotnasen aufwärmen.

Geheimnisvolle Schnee-Kristalle

Sicher wollen die Kinder so einen Schneekristall genauer betrachten. Wenn man mit einem schwarzen Tonpapier eine Schneeflocke auffängt und diese mit einer Lupe betrachtet, dann kann man die wunderschöne Form des Schneekristalls sehen. Wunderschön und wie ein kleines Kunstwerk sieht das aus. Schade, daß dieser Kristall nicht bleibt, sondern langsam schmilzt. Übrig bleibt ein Regentropfen.

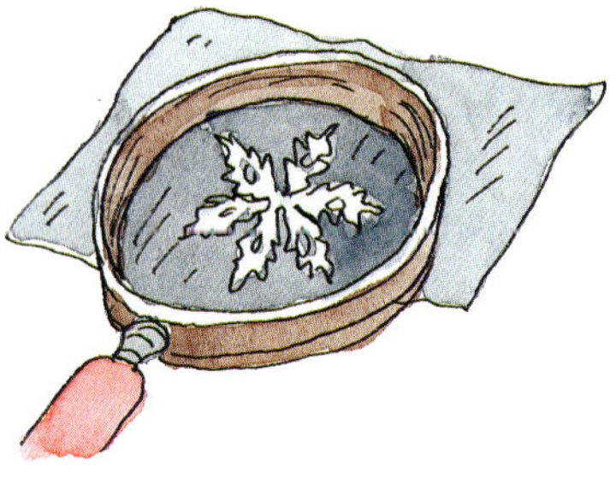

Was macht Frau Holle?

Und woher kommen die Schneeflocken? Wenn sich die Kinder dafür interessieren, sollten Sie ihnen ein bißchen mehr erzählen, zum Beispiel dies: Die Schneeflocken bilden sich bereits in den dicken Schneewolken. Sie entstehen so wie die Regenwolken (siehe Seite 18). Doch bei starker Kälte erstarren die Tropfen zu Schnee-Kristallen.

Wenn diese groß und schwer geworden sind, dann fallen sie herunter und es schneit. Und was macht nun Frau Holle? Nun – im Märchenland ist alles ganz anders, da schüttelt natürlich die gute Frau Holle tüchtig ihre Betten, daß es auf der Welt schneit!

Noch mehr Ideen!

Schneebälle zum Essen

Für etwa 10 Schneebälle braucht man 2 Eier, 125 gr. Zucker, 1/2 Zitrone, 1 Teelöffel Margarine, 1 Eßlöffel Mehl. Und so wird's gemacht: Eiweiß halbsteif schlagen, 1/2 Teelöffel vom ausgepreßten Zitronensaft mit dem Zucker mischen und dazugeben, Eischnee steif schlagen. Backblech einfetten, mit Mehl bestäuben, mit Eßlöffel kleine Schneebällchen auf das Blech setzen. Backofen auf 125 °C vorheizen, auf der mittleren Schiene 35 Minuten backen. Dann Backofentüre einen Spalt öffnen, Hitze auf 75°C zurückstellen, die Schneebällchen etwa 45 Minuten im Ofen trocknen lassen.

Schneeflocken am Fenster

Diese Schneeflocken werden ganz bestimmt nicht schmelzen, sie sind aus Papier, wie ein Faltschnitt gebastelt und von den Kindern selbst gemacht. Das geht so: Ein kleines, rechteckiges, dünnes, weißes Papier in der Mitte falten, dann noch einmal, zwei- oder dreimal und schließlich mit einer Schere große und kleine, spitze und breite Zacken rundum einschneiden. Das Papier wieder auseinanderfalten, glätten und an einem langen, dünnen, weißen Faden aufhängen und ans Fenster hängen.

Im Winter ist alles anders

Wie verändert sich die Natur draußen, wenn es kalt ist? Die Kinder zählen auf, was sie wissen: Die Laubbäume haben nur noch Äste und Zweige, jetzt kann man durch die kahlen Büsche in alle Gärten sehen. Die Pfützen auf den Straßen verwandeln sich in spiegelnde Eisflächen, auf denen man rutschen kann. Viele Vögel sind in wärmere Länder geflogen. Es gibt keine Blumen mehr in Gärten und auf Wiesen. Morgens ist überall glitzernder Rauhreif zu sehen. Es wird bald dunkel, obwohl es noch nicht Abend ist. Die Sonne scheint nicht mehr so lange und so heiß, deshalb ist die Luft kälter.

Ich packe meinen Winter-Koffer

Das altbekannte Spiel bekommt eine Wintervariante. Denn nun werden nur noch Wintersachen eingepackt, also Mütze, Schal, Ski, Schlitten, heißer Tee, Lebkuchen, Handschuhe, warme Stiefel... usw.

Extra: Eis- und Schneespiele

Montag: Spuren im Schnee: Die Kinder drücken ihre Fußspuren in den Schnee und „malen“, genauer gesagt gehen Linien, Kreise, Punkte, Wellen.

Dienstag: Lichterburg: Schneebälle sind Backsteine, mit denen die Kinder eine Burg mit vielen Türmen bauen. In jeden Turm wird eine Kerze gesteckt. Und wenn es dunkel wird, leuchtet und glitzert die Schneeburg mit den brennenden Kerzen zauberhaft schön.

Mittwoch: Schnee-Ungeheuer: Diesmal gibt es draußen viel zu tun. Gemeinsam tragen die Kinder den Schnee zusammen. Das geht am besten mit kleinen Sand-Eimerchen, die dick mit Schnee vollgestopft werden, dann umgestülpt und der gepreßte Schnee-Baustein auf die Schneefigur gesetzt. Zum Schluß werden Augen, Ohren, Nasenlöcher und Pfoten mit Sand- oder kleinen Gartenschaufeln geformt oder herausgekratzt.

Donnerstag: Eisformen selbstgemacht: Wenn es draußen richtig kalt ist, dann wird folgendes Experiment gut gelingen: Back- oder Sandförmchen werden bis zur Hälfte mit Wasser gefüllt und ins Freie gestellt. Nach ein paar Stunden ist das Wasser gefroren, und aus den Förmchen kommen hübsche Eisformen heraus.

Freitag: Schnee-Knall-Wurfspiel: Zu treffen sind Kuchenbleche, Blechschilder, leere Blechdosen und Blecheimer, die mit Schnüren an das Klettergerüst gehängt werden. Dann formt jedes Kind drei Schneebälle und versucht, die aufgehängten Bleche zu treffen. Geworfen wird der Reihe nach, und es knallt ein bißchen, wenn einer getroffen hat.

Lieblings-Spielsachen

Kinder wollen ein tolles Spiel wieder und immer wieder spielen. Warum nur? Die Jüngeren sind stolz darauf, daß sie die Spielregeln kennen und ohne fremde Hilfe mitspielen können. Und die älteren Kinder genießen es, wenn sie einen Spielverlauf gut beherrschen und neue Spiel-Strategien entwickeln können. Wie sind sie begeistert, wenn sie den Erwachsenen mit ihrer Spielfertigkeit verblüffen können. Interessant dabei ist, daß es die einfachen Spiele mit einfachen Dingen und einfachen Spielregeln sind, die den Kindern so gefallen. Die Spiele in diesem Kapitel gehören zu dieser Kategorie.

Es ist eine Sammlung der schönsten Lieblingsspiele der Kinder, und Sie werden Ihre Kinder mit diesem Spielangebot begeistern können. Wichtig ist allerdings, daß auch Ihnen diese Spiele gefallen. Das steckt die Kinder an und macht allerbeste Spiellaune!

Zum Kopieren und Anmalen

Murmeln
und Kreisel

Sie klickern und klackern, kullern und rollen

Die Murmeln heißen zum Beispiel auch Klicker, Schusser, Bucker oder Schieber. Welche Namen kennen die Kinder? Wie nannten die Großeltern die Murmeln, und wie spielten sie damit? Beim nächsten Oma-Opa-Treffen könnte das Murmelspiel die Attraktion sein, mit Spielregeln wie in alten Zeiten.

Allererstes Murmelspiel

In den Sand oder in die Erde wird eine Mulde gegraben. Dort hinein muß die Murmel rollen. Sie wird mit dem Finger angestoßen. Wer auf dem Fußboden oder Steinboden spielen will, malt mit Kreide einen Kreis oder legt auf dem Teppichboden einen Wollefadenkreis. Jeder Spieler hat drei Murmeln und muß sie nacheinander in das Loch oder in den Kreis kullern lassen.
Die Murmeln, die über das Ziel hinausrollen, können in der nächsten Runde von allen Spielern in das Loch gekickt werden. Wem das gelingt, der darf diese Murmel behalten und weiterspielen. Geht es daneben, kommt der nächste dran.

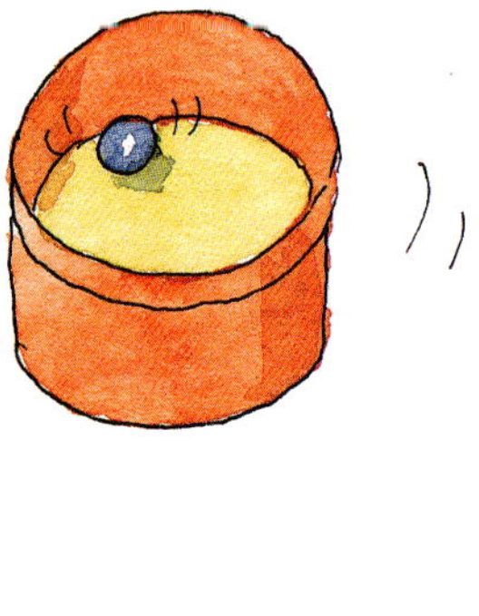

Mauerklickern

Eine Linie wird gezogen, jeder Spieler hat eine Murmel und versucht, diese ganz nah an die Linie zu schubsen. Sieger ist, dessen Murmel am nächsten bei der Linie liegt. Er darf alle andern Murmeln kassieren.

Klickerklack

Zwei Spieler sitzen sich gegenüber und lassen fünf Murmeln auf das Spielfeld rollen. Danach wird abwechselnd gespielt, und jeder versucht, mit seiner Murmel eine des andern zu treffen.
Er darf diese nämlich behalten.

Wochenthema: Alles dreht sich

Montag: Mit lustiger Musik tanzen die Kinder wie Kreisel durch den Raum. In jeder Hand halten sie ein buntes Büschel aus Kreppapierbändern, das sich beim Drehen um den kleinen Tänzer windet.
Dienstag: Es gibt viele Dinge, die sich drehen, zum Beispiel Autoräder, Wasserräder, Reifen. Die Kinder untersuchen ihre Spielsachen und prüfen nach, wie und was sich da dreht.
Mittwoch: Schau mal! Draußen im Garten wachsen auf der Wiese knallbunte Windrädchen-Blumen und drehen sich lustig im Wind. Die Kinder haben sie aus Fotokarton gebastelt, an langen Stäben befestigt und in die Erde gesteckt.
Donnerstag: Besitzen Sie einen alten Wecker, dessen Rückseite geöffnet werden kann? Dann zeigen Sie den Kindern das faszinierende Spiel der Uhrenzahnräder, die sich miteinander und gegeneinander drehen.
Freitag: Für das Murmel-Kreisel-Spiel braucht man eine runde Schachtel, eine Handtrommel oder eine Schüssel. Nun versucht der Spieler, eine Murmel im Gefäß zum Kreisen zu bringen, indem er das Gefäß kreisen läßt. Je schneller die Murmel rollt, desto lauter ist ein geheimnisvoller Ton zu hören.

Murmelbahnen

Draußen im Garten bauen die Kinder im Sandkasten einen riesengroßen Sandberg und klopfen ihn mit der flachen Sandschaufel fest. Dann wird mit einem Stab die Murmelbahn wie eine Spirale rund um den Berg gezogen, von oben nach unten. Vielleicht noch mit dem Finger die Bahn innen glattstreichen. Für die Murmelbahn drinnen im Zimmer braucht man viele Pappröhren, das können Küchenkrepp-Rollen, Toilettenpapier-Rollen, Versandrollen oder selbstgeklebte Pappröhren sein. Diese werden ineinandergesteckt oder in Zickzack-Bahnen übereinander montiert oder geklebt. Dann müssen noch Fall-Löcher und Auffang-Löcher in die Röhren geschnitten werden.

Haben Sie einen Küchenhocker? Prima, der wird mit der Sitzfläche auf den Boden gelegt und die Röhren an den Stuhlbeinen mit Klebeband befestigt.

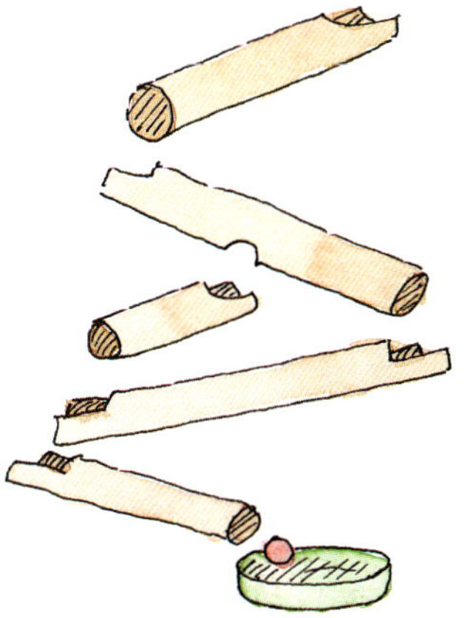

Tip:

Besonders spannend ist es, einen durchsichtigen Plastikschlauch als Murmelbahn einzusetzen. Da können die Kinder die Murmeln in der Röhre rollen sehen!

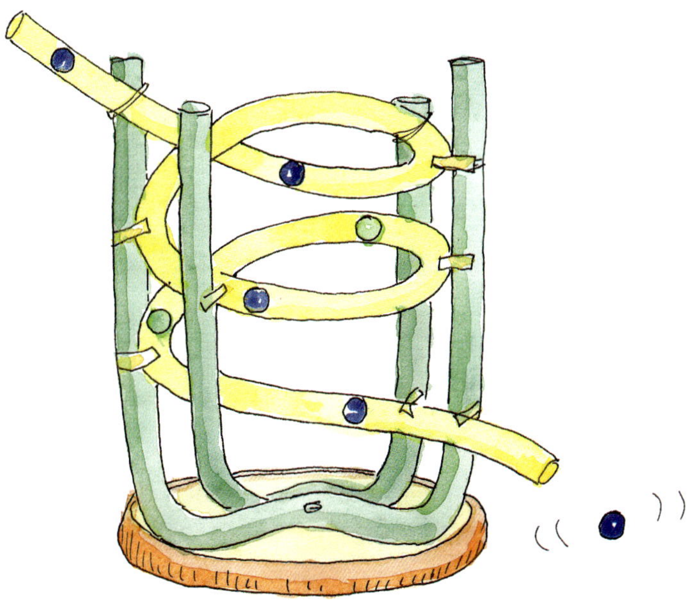

Murmeln selbstgemacht

Wer braucht zum Spielen ganz viele Murmeln? Kein Problem, die können die Kinder aus Ton selber machen. Also, einfach viele, gleichgroße Kügelchen zwischen den Handflächen rollen, trocknen lassen, bunt anmalen und vielleicht noch farblos lackieren. Übrigens: Es gibt einen Ton, den man im Backofen brennen kann. Aber auch mit luftgetrockneten Tonkugeln kann man prima spielen.

Kreiselhaus

Ein Schuhkarton wird umgedreht, so daß er wie ein Spielhaus mit Flachdach aussieht. Dann schneidet man ein großes Tor in eine Seite und klappt die Türen weit auf. Jedes Kind kann sich so ein Kreiselhaus basteln, bunt bekleben oder anmalen. Und wer wohnt in diesem Haus? Natürlich der kleine Kreisel, er tanzt mit Schwung durch das Tor. Man kann auch zwei oder mehr Tore einschneiden. Die Tore haben unterschiedliche Punktzahlen, und je nachdem, durch welches Tor der Kreisel dreht, bekommt der Spieler diese Punkte gutgeschrieben.

Kreisel dreh dich

Für kleine Kinderhände ist das gar nicht so einfach, einen Kreisel zum Drehen zu bringen.
Da heißt es wirklich: Übung macht den Meister! Wer hat viel Geduld und noch mehr Ausdauer?
Als Übungsfeld ist ein Schachteldeckel praktisch, die Kanten verhindern, daß der Kreisel davonsaust, und der Pappeboden ist nicht so glatt wie ein Fußboden oder Tisch.

Luftballons

und Seifenblasen

Sie fliegen und schweben durch die Luft

Bei jedem Kindergeburtstag, bei jedem Kinderfest, Gartenfest und Straßenfest sind sie dabei und sorgen für fröhliche Stimmung. Sie schweben sanft durch die Luft, steigen hoch und höher, fliegen über Wiesen und Dächer und malen in den blauen Himmel bunte Farbtupfer.

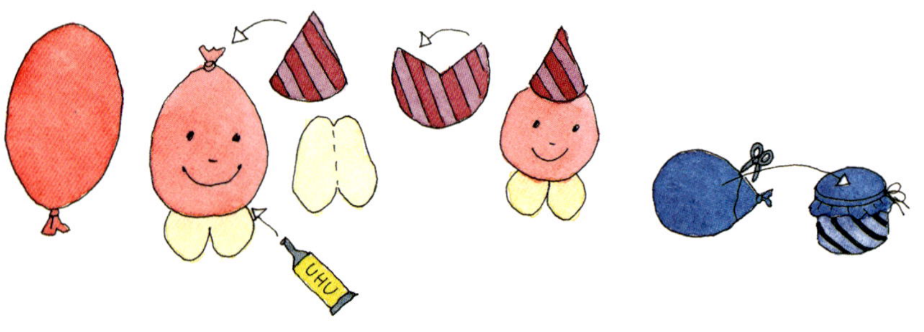

Luftballon-Tanz

Wer kann seinen Luftballon ganz lange in der Luft schweben lassen? Nur mit einem Finger darf der Ballon angestupst werden. Mit Musik macht dieses Spiel noch mehr Spaß und wird zu einem lustig-luftigen Ballontanz. Wenn viele Kinder mitmachen, dann kann man viele Luftballons im Spiel einsetzen, und alle Kinder bemühen sich gleichzeitig, daß kein Ballon auf die Erde fällt. Das ist ein Rennen und Hüpfen und Bücken und Strecken – und es macht Spaß!

Luftballon-Zwerg

So wird aus einem Luftballon ein niedlicher Kugelzwerg: Das verknotete Mundstück ist oben und wird unter einem selbstgebastelten Papierhütchen versteckt. Der kleine Kerl bekommt zwei Füße oder Schuhe aus Dekokarton ausgeschnitten und mit doppelseitigem Klebeband unten angeklebt. Nun fehlt noch das lustige Zwergengesicht, das mit dicken Filzstiften auf den Ballon gemalt wird. Fertig ist der kleine Zwerg! Und was er für große Sprünge und Hüpfer machen kann! Dabei wird er immer auf seine Füße fallen, ganz bestimmt!

Extra-Programm mit Luftballon-Musik

Luftballon-Tröte: Ein aufgeblasener Luftballon wird verknotet. Wenn man nun an der Luftballonhaut rubbelt und reibt, gibt das fürchterlich schöne Geräusche!
Quietschmusik: Das ist nur etwas für gute Nerven! Der Luftballon wird aufgeblasen und die Luft durch das auseinandergezogene Mundstück wieder herausgelassen. Je nachdem, wie man dieses Mundstück spannt, kommen andere Töne hervor.
Knatternder Raketenstart: Den Luftballon aufblasen und einfach loslassen. Schon saust er knatternd los und fliegt wie eine Rakete hoch in die Luft. Wenn alle Kinder gleichzeitig ihre Luftballon-Rakete steigen lassen, gibt das ein herrlich-wildes Durcheinander.
Luftballon-Trommel: Der Trommelkörper ist eine Blechdose. Bunt angemalt oder beklebt ist sie noch viel schöner. Und das Trommelfell ist ein Luftballon. Der kleine Schlauch des Mundstücks wird abgeschnitten und der Ballon über die Öffnung der Blechdose gespannt. Je straffer, desto besser der Trommelton.

Schwabbernd schwebende Riesenkugeln

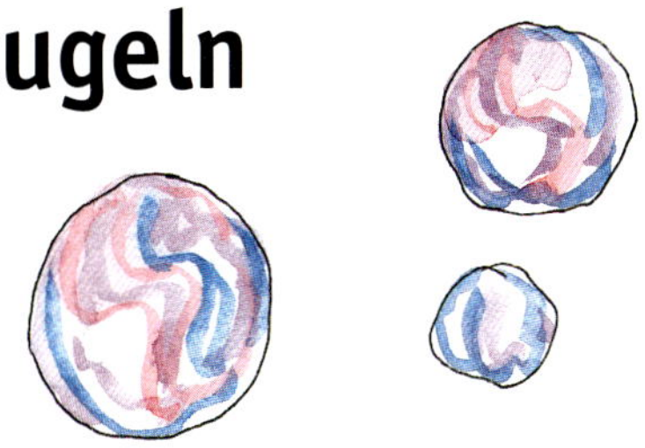

Für große Seifenblasen braucht man große Seifenblasenringe. Die können die Kinder selber basteln: Einen festen Draht zur Schlaufe biegen und an einen Stab mit Blumendraht befestigen. Den großen Drahtbogen mit Wolle, Schnur, Blumendraht oder Mullbinde umwickeln, damit später die Seifenlauge an dem Drahtring ringsum haftenbleibt. Nun brauchen die Seifenblasenkünstler noch eine entsprechend große Schüssel oder einen Eimer, damit sie die große Drahtschlaufe in die Seifenlauge ganz eintauchen können.

Wichtig ist, daß nach dem Auftauchen die Seifenlauge im Drahtring wie eine dünne Haut hängenbleibt.
Jetzt kann der Ring vorsichtig durch die Luft gezogen werden, und die Seifenblase füllt sich mit Luft, wird größer und größer. Zum Schluß wird der Ring an der Seifenkugel seitlich abgestreift, so daß diese sich schließt. Schwabbernd schwebt nun die große Regenbogenkugel durch die Luft! Und die Kinder tanzen jauchzend hinterher!

Luftballon-Wettrennen

Die Spieler werden in zwei oder mehr Gruppen eingeteilt und stehen an der Startlinie. Der erste der Gruppe klemmt sich einen Ballon zwischen die Beine und versucht so schnell er kann zum entfernten Ziel und wieder zurück zu rennen. Der nächste ist schon startbereit. Wie könnten die Spieler den Luftballon noch transportieren? Zum Beispiel in einem Schubkarren oder Eimer. Das ist gar nicht so einfach! Die Kinder haben sicher noch andere lustige Ideen dazu.

Seifenblasenlauge selbstgemacht

3 l Wasser, 500 gr Zucker, 25 gr Tapetenkleister, 750 gr Neutralseife (z.B. von der Firma Haka) zusammenmischen, gut verrühren und einen ganzen Tag stehen lassen.

Dann 7 l Wasser dazugießen und mindestens zwei Tage stehen lassen. Diese Seifenlauge hält wochenlang, wenn sie luftdicht verschlossen aufbewahrt wird.

Noch mehr Ideen!

Seifenblasen-Spiele

- Wieviel Seifenblasen kannst du mit einmal Pusten hervorzaubern?
- Wer bläst eine schöne große Seifenblase?
- Wenn die Sonne scheint, dann steigen die Seifenblasenkugeln hoch in den blauen Himmel. An manchen Stellen im Garten geht das besonders gut, zum Beispiel vor einer weißen Hauswand. Denn da staut sich die Sonnenhitze und steigt nach oben.
- Einer bläst Seifenblasen, der andere versucht, sie zu erhaschen. Doch manchmal wird sie auch der Wind mitnehmen. Also, wer schnappt die meisten Seifenkugeln, der Wind oder das Kind?

Muscheln, Sand und Kieselsteine

Das sind die schönsten Naturspielsachen

Wer kennt nicht dieses Erlebnis: Sie sitzen am Strand, es ist wohlig warm, Sie strecken die Beine aus, Ihre Hände streichen über den Sand, der Sand rieselt durch die Finger, Sie schauen sich um, ringsum liegen Muscheln und Kieselsteine, wie schön diese aussehen. Sie nehmen ein Steinchen in die Hand, suchen ein nächstes, sammeln auch dieses auf, daneben liegt eine Muschel, noch eine, noch schöner, Sie stehen auf, bummeln langsam den Strand entlang, den Blick auf den Boden gerichtet, die Sammelleidenschaft hat begonnen. Sie sammeln eine ganze Handvoll Muscheln und Steinchen, können sich nicht satt sehen und mit Einsammeln nicht aufhören.

Spiele im Sandkasten

Diesmal wird die Sandburg mit vielen Muscheln und Steinchen verziert. Das sieht prächtig aus! Vielleicht wollen die Kinder auch ein riesengroßes Muschelbild im Sandkasten auslegen. Dazu muß der Sand gerecht und geglättet werden. Dann können die Künstler mit ihrem Werk beginnen. In den feuchten Sand kann man mit den Muscheln auch prima Abdrücke machen.
Daraus wird ein Ratespiel: Von welcher Muschel stammt dieser Abdruck?
Ein Ratespiel mit Kieselsteinen geht so: Einer beginnt, ein Bild in den Sand zu legen. Die andern raten, was daraus werden soll. Ein Hund oder eine Maus, ein Haus oder eine Blume? Wer es weiß, darf das nächste Bild legen.

Natur-Kunst-Werk

Es ist nur schade, daß die Bilder im Sand wieder verwischen. Wenn die Kinder das bedauern, dann haben sie sicher Spaß daran, ein Bild in Gips anzufertigen. Denn das hält ewig und verrutscht nie mehr. Und so wird's gemacht: Mit Muscheln, Schnecken und Kieselsteinchen auf dem Tisch ein schönes Mosaikbild legen, zum Beispiel ein Mandala.

Dann einen Gipsbrei nach Vorschrift anrühren, den Deckel einer Schachtel damit füllen und mit einem nassen Plastiklöffel die Oberfläche glattstreichen. Nun wird das Mosaikbild Stück für Stück auf die weiche Gipsfläche übertragen und aufgedrückt. Nach kurzer Zeit ist der Gips hart, und das Kunstwerk kann aus dem Pappdeckel gelöst werden.

Schätze aus dem Urlaub

Da liegen sie nun auf dem Tisch ausgebreitet, diese gesammelten Schätze aus dem Urlaub. Die Kinder schauen mit Kennerblick die Muscheln, Schneckenhäuser und Steine an, sie sind ja schließlich auch Muschel-Sammler und Steinchen-Finder und haben zu Hause eine ganze Sammlung davon. Abgemacht, morgen bringen alle ihre Naturschätze mit.
Jeder erzählt dann, wo er seine Stücke gefunden hat und was es an diesem Platz noch alles zu sehen oder zu erleben gab. Wenn ein Kind seine Geschichte mit viel Phantasie ausschmückt, ist das erlaubt.
Viele Urlaubsgeschichten sind „unglaublich" schön!
Zum Schluß malt jeder von seiner Fundstelle ein großes Bild.
Darauf werden die Naturschätze mit durchsichtigem, doppelseitigem Klebeband aufgeklebt. Dann kann man sie später wieder abnehmen.

Sonder-Spiel-Programm mit Muscheln und Schnecken

Form und Farbe: Die Kinder schauen die Muscheln und Schneckenhäuschen an, vergleichen und sortieren nach Formen und Farben.
Lustige Namen: Vielleicht haben sie ein Naturlexikon und können den Kindern die verschiedenen Namen der Muscheln und Schnecken sagen. Da gibt es lustige Bezeichnungen wie Herzmuschel, Plattmuschel, Teppichmuschel, Turmschnecke und Kreiselschnecke. Sicher macht es den Kindern Spaß, selbst in dem Buch zu blättern und auf den Fotos oder Abbildungen ihre Strandschätze zu entdecken.
Meeresrauschen: Wer eine große Muschel ans Ohr hält, der kann das Meer rauschen hören, sagt man. „Das ist unser eigenes Rauschen im Ohr", sagen die einen, „Das ist wirklich das Meeresrauschen", sagen die andern. Was werden Sie sagen?
Muschel-Memory: Jeweils zwei Muscheln oder Schnecken einer Art liegen auf dem Tisch. Mit geschlossenen Augen muß der Spieler ein Paar ertasten.

Klingende Steine

Hört nur, wie die Kieselsteine klickern und klackern, poltern und rasseln. Es kommt ganz darauf an, was man damit macht. Und das müssen bei diesem Ratespiel die Zuhörer herausbekommen: Eine Wäscheleine wird gespannt, eine Decke darübergehängt, dahinter versteckt sich ein Spieler. Er hat ein paar Kieselsteine und Gefäße vor sich liegen und wird ein besonderes Geräusch mit den Kieselsteinen machen, zum Beispiel die Steine in eine Blechbüchse füllen, oder von einem Becher in einen zweiten kullern lassen, oder einen Stein auf den Boden fallen lassen oder zwei Steine gegeneinanderklopfen.
Die andern Kinder hören und raten. Wer das Hör-Rätsel löst, darf sich ein neues Steingeräusch ausdenken.

Klötze
und Knete
Ein endlos knautschiges Knetespiel

Wie macht das doch Spaß, einen dicken, weichen Tonbatzen zu kneten, zu formen und zu biegen, auf den Tisch zu knallen, daß er flach und platt wird, ihn dann wieder abzulösen, aufzurollen, zwischen den Händen zu knautschen und zu drücken, mit dem Finger hineinzubohren und Handabdrücke zu machen. Dies ist für kleine Kinder ein endloses Spiel mit großer Lust und großem Vergnügen.

Knete selbstgemacht

Am liebsten würden die Kinder einen großen, dicken Kneteklumpen für sich alleine haben. Warum nicht?
Jedes Kind kann seine Knete selber herstellen, das geht so:
400 gr Mehl, 200 gr Salz und 10 gr Alaunpulver (aus der Apotheke) werden gut vermischt. Dann werden in 1,5 l kochendes Wasser 3 Eßl. Öl und 1 Eßl. Lebensmittelfarbe eingerührt und das Wassergemisch langsam über das Mehlgemisch gegossen. Dabei ständig rühren, bis sich ein Teig bildet.
Diesen Teig mit den Händen gut durchkneten. Wird der Teig zu trocken, noch etwas Öl dazugeben. Diese Knete muß in einem luftdicht verschlossenen Behälter aufbewahrt werden. Denn, wenn sie einmal ausgetrocknet ist, bleibt sie hart und fest.

Sägemehl-Knetmasse

Früher, als es weder Ton noch Knete oder Plastilin zu kaufen gab, da stellten die Kindergärtnerinnen ihre Knetmasse nach diesem alten Rezept her, aus Sägemehl, Kleister und Leim: Das Sägemehl wird mit Kleister (Tapetenkleister) zu einer dicken Masse verrührt. Je nach Bedarf nochmals Mehl oder Kleister dazugeben. Der Brei muß so dick und fest wie Ton oder Knete werden. Zum Schluß kommt noch etwas Holzleim dazu, damit die Masse richtig kompakt wird und nach dem Trocknen gut hält.

Figuren formen

Nun können die Kinder aus ihrer selbstgemachten Knete viele Spielsachen formen, Tiere, Perlen, Puppengeschirr, Murmeln, Kasperlköpfe, Fingerpüppchen und vieles mehr. Die fertigen Spielsachen trocknen lassen. Sind sie hart geworden, kann man sie anmalen. Alle Farben sind dafür geeignet, auch Holzbeize, Lebensmittelfarben oder Pflanzenfarbstoffe. Wer will, kann seine Figur zum Schluß mit farblosem Lack überpinseln. Die Sägemehlformen kann man sogar mit einer Holzraspel weiterbearbeiten oder die Oberfläche mit Schmirgelpapier glätten.

Tip:

Diese selbstgemachten Kneten trocknen an der Luft völlig aus und werden hart. Deshalb sind sie bestens geeignet zur Herstellung von kleinen Spielfiguren, zum Beispiel Tiere für den Zoo, Dschungel oder Zirkus.

Die Bauklotz-Werkstatt

Eines Tages wird eine Bauklotz-Werkstatt eingerichtet. Vielleicht am Elternabend für die Väter, oder als Werkstatt-Ecke beim nächsten Sommerfest. Es kann auch im Bastelraum eine Werkbank eigens für diesen Zweck neu hergerichtet und ausgestattet werden. Zu gebrauchen sind Abfallhölzer, Besenstiele und Latten.
Dann braucht man noch Sägen, Holzfeilen, Schmirgelpapier, Pinsel, Farben, Leim und Lack. Und wie geht es weiter? Wer Lust und Zeit hat, kann in der Bauklotz-Werkstatt arbeiten. So lange er will, alles steht bereit. Und nach ein paar Tagen oder Wochen wird ein großer Bauklötze-Berg das Ergebnis der eifrigen Bauklotz-Handwerker sein.

Eine Bauklotz-Spiele-Woche

Montag: Alle Bauklötze werden eingesammelt und in die Mitte des Raumes gekippt. Nein, nicht mit der Hand, sondern mit Spielzeug-Lastwagen und Schubkarren und was es sonst noch an Lastern und Transportfahrzeugen gibt. Dann beginnt der Bau der großen Bauklotz-Burg. Alle Kinder machen mit, denn es gibt viel zu tun.
Dienstag: Wenn die Kinder es erlauben, dann erst darf die große Burg eingerissen werden und das neue Spiel beginnen: Wer schafft den höchsten Turm? Die kleinen Baumeister zeigen ihre Kunst und ihre Erfahrung im Umgang mit Bauklotz-Türmen.
Mittwoch: Alle sitzen neben dem Bauklotzberg. Das erste Kind nimmt zwei Bauklötze und legt sie zusammen, das nächste Kind nimmt wieder zwei Bauklötze und legt sie dazu, daneben oder darauf. Und wieder kommt das nächste Kind und baut mit zwei Bauklötzen weiter. Das Spiel geht so lange, wie die Kinder wollen. Wird es ein Räuberschloß, ein Zauberpalast oder eine Ritterburg? Das entscheiden die Kinder am Schluß des Spiels.
Donnerstag: Jetzt werden alle Bauklötze ganz genau betrachtet, die Formen und Farben und Größen. Wie fühlt sich die Oberfläche an? Wie unterschiedlich klingen die Bauklötze, wenn man sie gegeneinanderschlägt? Die Klötze können auch nach Farben oder Größen sortiert werden. Spielregeln dazu erfinden die Kinder selber.
Freitag: Klar, heute werden die Klötze wieder aufgeräumt, alle helfen mit. Wenn's Spaß macht, können auch wieder die Lastwagen und Schubkarren eingesetzt werden.

Puppenecke
und Kasperltheater

Da kichert und lacht es, kaspert und tanzt es

*Ja, was ist denn da in der Puppenecke los?
Alles ist durcheinander, die Puppen tragen Hosen als Mützen, das Puppengeschirr ist wie eine lange Schlange auf dem Boden nebeneinander aufgereiht, die Puppenkleider stecken in den Kochtöpfen und irgendwo kichert das Kasperle. Er ist es, der diesen Streich ausgeheckt hat – und die Erzieherin half ihm ein bißchen dabei. Der Spaß der Kinder ist groß – und die Lust zum Weiterspielen noch größer. Hauptsache, Kasperle bleibt da und denkt sich weitere lustige Sachen aus!
Klar doch! Oder?*

Was Puppenkinder gerne spielen

Die Puppen schaukeln gerne, klettern und rutschen, spielen im Sandkasten, machen auf der Wiese Purzelbäume, spielen Hindernisrennen, versuchen sich im Ballspiel und Zielwerfen, wollen Dreirad fahren und zum Schluß Huckepack von ihren Puppeneltern nach Hause getragen werden.

Puppenausflug

Die Puppen wollen einen Ausflug machen und mit der Bahn fahren. Während die Puppeneltern ihre Puppenkinder für die Reise ankleiden, bauen die Handwerker eine Eisenbahn aus Pappkartons. Alle Wagen werden mit Schnur aneinandergebunden und vom Lokführer gezogen. Räder brauchen die Wagen keine. Nun teilt der Schaffner die Fahrkarten aus, die Fahrt kann beginnen. Alle Puppen steigen ein und nehmen Platz. Das Ausflugsziel ist der Garten. Dort wollen die Puppen mit ihren Eltern weiterspielen und freuen sich schon auf das Picknick mit Würstchen und Kartoffelsalat... vorausgesetzt, der Kasperl hat nicht den Picknickkorb versteckt!

Puppengeburtstag

Die Lisa-Puppe hat Geburtstag.
Alle Puppen sind eingeladen, wollen schön angezogen werden, ein kleines Geschenk (zum Beispiel ein Spielzeugauto) mitnehmen und der Lisa überreichen. Dann gibt es echten Kakao und selbstgebackenen Minikuchen, natürlich im Puppengeschirr. Und zum Schluß spielen alle Puppen Topfschlagen. Das macht Spaß, vor allem wenn ein Gummibärchen drunter liegt.

Tra-tri-trallalla, Kasperle ist wieder da!

Der Kasperl ist der Liebling der Kinder. Sein Auftritt ist immer ein besonderes Ereignis und kann bei jedem Kasperlstück gleich ablaufen. Das gefällt den Kindern, und aufmerksam schauen und hören sie zu:

1. Der Bühnenvorhang ist geschlossen. Nur die Zipfelmütze vom Kasperle ist zu sehen. Dann erscheint er langsam, sehr langsam und schaut nur mit seiner großen Kasperlnase über den Bühnenrand.
2. Kasperle schaut links, dann rechts, dann geradeaus und überprüft, ob auch alle Kinder da sind.
3. Dann springt er auf die Bühne, kichert und lacht, bis alle Kinder mitlachen.
4. Jetzt zieht er den Vorhang auf.
5. Nach getaner Arbeit niest er sein lautes Hatschi und verschwindet niesend hinter dem Vorhang.
6. Das neue Kasperlstück kann beginnen!

Sonderprogramm: Der Kasper kommt jeden Tag

Montag: Das gibt ein Hallo bei den Kindern, denn da schaut doch tatsächlich aus ihrer Jackentasche der Kasper hervor. Endlich krabbelt er heraus und fragt alle Kinder, wie sie heißen und was sie so im Kindergarten machen. Dann will er in die Tasche zurück und verspricht, am nächsten Tag wiederzukommen.
Dienstag: Kasper hat seinen Freund Seppel mitgebracht. Er soll auch die Kinder kennenlernen. Im Gespräch verwechselt Seppel alle Namen und sagt sogar zu Sabine Fräulein Mandarine. Aber der Kasper und die Kinder wissen es besser!
Mittwoch: Hui - die Hexe kommt. Sie sucht nach dem Kasper, der hat sich versteckt und gibt den Kindern zu verstehen, ihn nicht zu verraten. Dem Kasper gelingt es schließlich, der Hexe den Zauberbesen zu stehlen, so daß sie nie mehr Böses anrichten kann. Das beruhigt die kleinen Zuschauer sehr!
Donnerstag: Aus dem Schrank hört man es weinen. Es ist die Gretel, die sich dort versteckt hat, weil sie sich vor der Hexe fürchtet. Doch Kasper kann sie beruhigen, denn er hat jetzt den Zauberbesen gut versteckt.
Freitag: Kasper, Seppel und Gretel denken sich diesmal für den Räuber einen Streich aus. Auch die Kinder überlegen und haben bestimmt eine tolle Idee. Vielleicht müssen dazu kleine Requisiten oder Kulissen gebaut werden? Das könnte der Anfang eines großen Kasper-Theaterspiels werden, bei dem die Kinder die Regie übernehmen.

Kinder lernen, mit Puppen zu spielen

Das Puppenspiel müssen manche Kinder erst lernen. Wollen Sie es ihnen zeigen? Das setzt voraus, daß Sie selbst Freude am Puppenspiel haben! Wie soll das „Lernspiel" gehen? Zum Beispiel so: Nehmen Sie eine Puppe, ziehen diese liebevoll an, flüstern mit ihr und lassen Ihre Puppe mit andern Puppen sprechen: „Hallo, kommst du mit? Wir besuchen den Teddybär! Schnell, zieh dir auch etwas an, dann können wir loswandern." So oder ähnlich könnte ein gemeinsames Puppenspiel beginnen. Das steckt an! Die Kinder werden zuerst erstaunt zuschauen und dann voller Freude mitmachen!

Hosenknopf und Taschentuch

Die einfachsten Spielsachen sind am schönsten

Ein Plakat an der Eingangstür fordert die Eltern auf, sich an der Knöpfe-Sammlung zu beteiligen. Die Kinder haben das Bild selbst gemalt und mit vielen bunten, dicken Knöpfen verziert. Wenn das nicht auffällt! Im Flur steht jetzt die Knöpfe-Sammelkiste mit einem Schlitz in der Mitte. Da hinein kommt jeder Knopf und fällt klimpernd in den Behälter.

Knopf-Kullerei

Die Knöpfe-Sammelkiste ist endlich voll! Wie schwer sie geworden ist! Die Kinder schleppen sie in den Gruppenraum und leeren sie mit Schwung aus. Da kullern, rollen, flitschen und sausen die Knöpfe durch den Raum. Nur keine Aufregung, denn das ist ja gerade der große Spaß! Eifrig werden die Kinder hinterherkrabbeln und begeistert alle Knöpfe wieder einsammeln.

Wett-Grabschen

Viele Taschentücher liegen verteilt auf der Wiese. Jeder Spieler hat einen Korb und muß mit den Zehen die Taschentücher aufsammeln und in seinen Korb legen. Nachher wird gezählt, wer die meisten Tücher gegrabscht hat.

Extra-Spielprogramm mit Knöpfen

Noch mehr Ideen!

Knopfbild: Mit den vielen bunten Knöpfen können die Kinder farbenprächtige Mosaikbilder legen.

Knopfschmuck: Knöpfe kann man wie Perlen auffädeln und zu einer Kette oder zu einem Armband binden.

Knopf-Zungenbrecher: Ein Knopf, ein Knopf, ein Hosenknopf, ein Hosenknopf der knallt! So heißt der Vers. Dabei muß bei jedem Kn-Laut zugleich mit der Zunge geschnalzt werden. Wer kann's?

Knopf-Klimper: Auf eine Schnur oder einen Draht werden dicke Knöpfe aufgezogen. Sie klimpern lustig, wenn man sie schüttelt. Auch die Knöpfe in einer Blechdose machen wunderbar lauten Klimper-Krach.

Ratespiele: Neun Knöpfe liegen auf dem Tisch, ein Tuch wird darübergelegt und heimlich ein Knopf untergeschoben. Das Tuch wird weggezogen und alle Spieler raten und schauen, welcher Knopf dazugekommen ist. Man kann auch von zehn Knöpfen einen wegnehmen oder einen Knopf an eine andere Stelle legen. Die Kinder haben sicher noch andere Spielideen.

Tastspiele: Jeweils zwei gleiche Knöpfe liegen gemischt verteilt auf dem Tisch. Mit verbundenen Augen muß ein Spieler die Knopf-Paare ertasten.

Lernspiele: Die Knöpfe werden nach Farben oder Formen, nach Größe oder Anzahl der Löcher sortiert. Einer denkt sich eine Aufgabe aus, die andern suchen und sortieren, zum Beispiel so: Gebe mir drei gelbe, eckige Knöpfe! Zeige mir einen roten Knopf mit zwei Löchern!

Taschentuch-Gespenst

Der Kopf ist eine geknüllte Papierkugel, die in die Mitte des Taschentuches gelegt und abgebunden wird. An einem langen Faden zappelt nun das kleine Gespenst und tanzt zur Geistermusik. Kar, daß jedes Kind sein Gespenst selber macht.

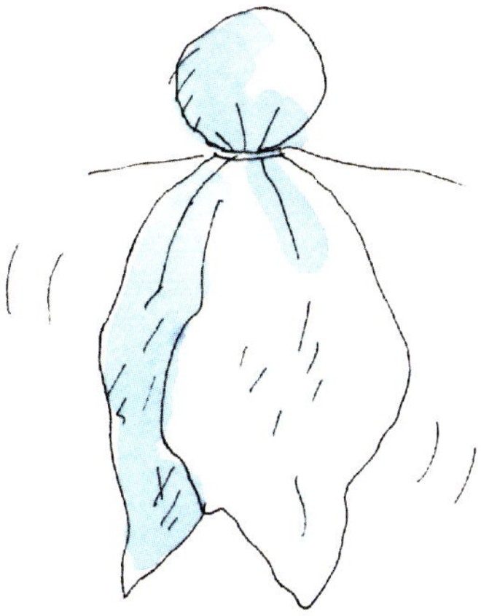

Zipfel-Kasper

Wie praktisch, diese kleine Taschentuch-Fingerpuppe kann überall und jederzeit zum Vorschein kommen. Man braucht einfach nur ein Taschentuch. Es wird an einem Zipfel verknotet, der Knoten über den Zeigefinger gestülpt, und fertig ist der Zipfelkasper, Daumen und Mittelfinger sind seine Arme. Und schon kann er singen, erzählen, Witze machen, Rätsel aufgeben und das Kind in ein Gespräch verwickeln.

Taschentuch-Zauberei

Der Zauberer hat ein Tablett, auf dem eine dicke Filzmatte liegt. Er legt ein Taschentuch darauf und in die Mitte des Tuches eine Münze. Jetzt rollt er das Tuch mitsamt der Münze zusammen, spricht einen Zauberspruch, macht geheimnisvolle Handbewegungen und zieht das Taschentuch wieder auseinander. Die Münze ist verschwunden! Da staunen die Kinder und wollen den Trick wissen. Doch streng geheim ist diese Zauberei! Also, nicht verraten, wie es geht:

1. Die Münze wird in die Mitte des Tuches gelegt.

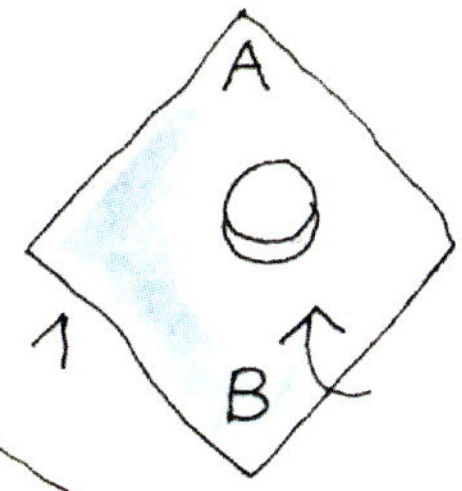

2. Ecke B nach oben falten und dabei etwa 10 cm über die Ecke A ziehen.

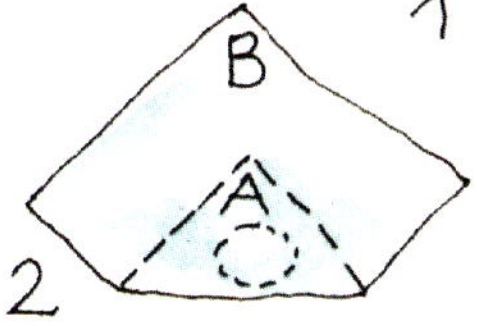

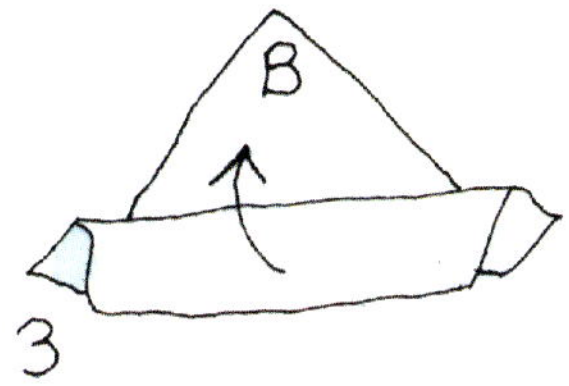

3. Das Tuch von der breiten Seite her aufrollen

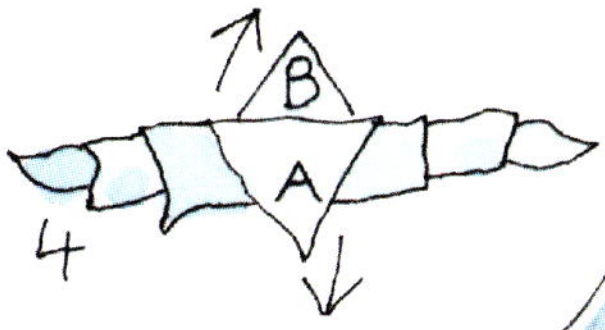

4. So lange aufwickeln, bis die Ecke A zum Vorschein kommt.

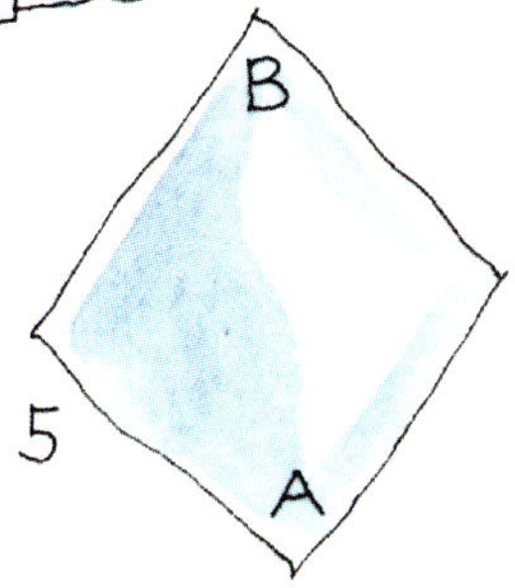

5. Das Tuch an den Ecken A und B festhalten und die Taschentuchrolle wieder auseinanderziehen.

6. Die Münze ist verschwunden!
Das Geheimnis: Die Münze liegt unter dem Tuch. Doch die Filzmatte verhindert, daß die Münze geräuschvoll klappernd auf den Tisch fällt. Natürlich dürfen die Zuschauer bei dieser Zauberei nur zuschauen – und nichts anfassen!

Faules Ei

Wer kennt nicht das alte Fangspiel „Faulei"? Alle Kinder stehen im Kreis. Hinter ihrem Rücken wandert ein Spieler, läßt unauffällig hinter einem anderen Mitspieler sein Taschentuch fallen und setzt mit harmloser Miene seinen Rundgang fort. Kaum bemerkt der andere das Tuch, nimmt er es, rennt los und versucht, den ersten Spieler zu fangen. Gelingt ihm das nicht und dieser ist vor ihm auf seinem Platz wieder angekommen, muß er als „Faules Ei" in die Mitte des Kreises und so lange warten, bis er von einem anderen „Faulei" abgelöst wird.

Mit allen  Sinnen

Wenn Kinder etwas genau betrachten, dann wollen sie das, was sie sehen, auch in die Hand nehmen, betasten und erfahren, wie sich das anfühlt. Und wenn sie etwas anfassen, dann wollen sie es auch beschnuppern, daran riechen. Kleine Kinder würden am liebsten auch noch hineinbeißen oder wenigstens mit der Zunge daran schlecken. Ja, so sind die Kinder, sie wollen ihre Welt mit allen Sinnen erfahren und kennenlernen!
Deshalb sollten wir Erwachsenen uns bemühen, den Kindern Erlebnisse zu geben und Spiele anzubieten, bei denen sie alle fünf Sinne gebrauchen können, die sie mit all ihren Sinnen genießen können, und wo sie ihre Sinne einsetzen und schulen können.

In diesem Kapitel sind viele Spielanregungen und Aktivitäten dieser Art zusammengestellt.
Daß den Kindern diese Spiele besonders Spaß machen und sie bei manchen Spielen besser sind als wir Erwachsene, das werden Sie selbst erleben.

Zum Kopieren und Anmalen

Riechen

So eine Schnüffelei

Wie riecht der kleine Gummiball, ein frisch gespitzter Bleistift, die Bienenwachskerze, ein Bilderbuch, die Erde im Blumentopf, und wie duftet ein frisch gewaschenes Taschentuch, das kleine Veilchen in der Blumenvase oder die Seife vom Waschraum, und wie muffelt der Gummistiefel? Das möchten die Kinder genauer wissen, und schnüffelnd wandern sie durch den Gruppenraum.

Was riecht denn da?

Kaufen Sie auch mal Duftkerzen, Räucherstäbchen, Duftkegel oder Duftöle. Besonders gerne riechen die Kinder Mandarine, Zitrone, Pfefferminz, Lavendel. Allerdings sollte sich so ein Duft nicht zu stark im Zimmer ausbreiten, damit die empfindlichen Näschen nicht gereizt werden. Notfalls: Fenster auf und gut durchlüften.
Eine andere Idee: Die Duftschale draußen im Garten aufstellen. Wer will, kann kommen, schnuppern und genießen.

Nasen-Schattenspiel

Clowns haben rote Knollen-Nasen, Hunde große Schnauzen, Regenwürmer gar keine Nasen, Elefanten lange Rüssel! Und was für Nasen haben die Kinder? Das wollen wir uns mal genauer anschauen. Mit diesem Schattenspiel geht das besonders gut.

Eine Schreibtischlampe ist der Scheinwerfer und wird auf eine weiße Wand gerichtet. Davor sitzt ein Kind, und zwar so, daß man sein Profil an der Wand sehen kann. Je weiter das Kind von der Wand weg ist, desto größer wird das Schattenbild und desto besser können die Zuschauer seine Nase bewundern.

Das riecht wie...

Ja, wie beschreibt man nun diesen wunderbaren Geruch?
Da gibt es Wörter wie lieblich, würzig, stechend, fein, stinkig, rein, süßlich, blumig.
Was noch? Sammeln Sie mit den Kindern „duftende Wörter", denn hier ist Phantasie gefragt. Bestimmt erfinden die Kinder ganz neue Wörter.

Schnupper-Ausflug

Ist in der Nähe eine Ladenstraße mit Bäcker, Metzger und Gemüsehändler? Fein, dann können heute mal die Schnuppernasen losziehen.
Wie herrlich ist der Brotgeruch vor der Ladentüre des Bäckers, und wie würzig riecht es, wenn man beim Gemüsehändler vorbeigeht, und wer riecht die Wurst an der Eingangstür zum Metzgerladen?

Riechen und Raten

Auf dem Tisch liegen Schalen gefüllt mit Dingen, die man gut riechen kann, zum Beispiel Teeblätter, Apfelschnitze, Wachsmalkreiden, Gras, Radiergummi, Knete, Zeitungspapierknäuel usw. Ob die Schnuppernase herausbekommt, was es ist?
Die Spielregel: Ein Kind bekommt die Augen verbunden, ein anderes hält ihm eine Schale unter die Nase.

Duftseifen selbstgemacht

Keine Frage, mit diesen selbstgemachten Duftseifen macht das Händewaschen doppelt Spaß. Die Zutaten sind: Kernseife (als Grundsubstanz, in der Drogerie zu kaufen), Walrat (macht die Seife geschmeidig, man kann es geraspelt oder als weißes Pulver in der Apotheke kaufen), Honig oder Zitronensaft und Duftessenzen (zum Beispiel Rosenöl, Lavendel, Bergamottöl oder Fichtennadelöl, zu finden in Drogerien oder Naturkostläden), dazu noch Pflanzenfarbstoff (zum Beispiel Safranpulver, Cochinelli, Tee-Extrakte, Rotebeetesaft oder andere Naturfarbstoffe aus Naturkostläden oder Bastelläden).
Jetzt kann die Seifensiederei losgehen:

1. Kernseife raspeln und zusammen mit Walrat, etwas Honig und Zitronensaft in einen Topf schütten. 2. Duftessenz und Farbstoff dazugeben.

3. Den Topf in ein Wasserbad stellen und alles gut vermengen. So lange erhitzen (nicht kochen), bis alle Zutaten gut miteinander verbunden sind.

4. Nun ist die Seifensieder-Kunst gefragt: Ist die Farbe zu blass, mehr Farbstoff unterrühren. Ist der Duft zu gering, mehr Duftöl dazuträufeln. Ist die Masse nicht geschmeidig genug, mehr Walrat untermengen.

5. Jetzt kleine Förmchen bereitstellen, zum Beispiel Sandförmchen, die Seifenmasse umfüllen und auskühlen lassen.

Eine Schnupperwoche

Montag: Die Pausenbrote sind ausgeteilt. Halt! Noch nicht hineinbeißen. Erst mal riechen! Jeder schnuppert in seine Brotbüchse. Kann die Nase herausfinden, was zwischen den Broten oder Brötchen liegt? Ist es Wurst oder Käse? Ist auch eine Tomate oder eine Gurke dabei?
Dienstag: Jedes Haus und jedes Zimmer hat einen eigenen Geruch. Wollen wir mal schnüffeln gehen? Wie riecht es in der Küche, im Bastelraum, im Keller, im Waschraum? Eine aufregende Nasenexpedition beginnt.
Mittwoch: Nanu, in der Puppenecke riecht es plötzlich ganz anders. Na klar! Die Puppen haben ein paar ihrer Kleider mit Lavendelparfüm betupft. Welche Kleider sind es? Das finden die Puppenmütter schnell heraus.
Donnerstag: Eine Duftecke wird eingerichtet mit Fläschchen und Dosen. Und überall sind Reste drin, zum Beispiel von Waschlotion, Shampoo, Seifen, Parfüms, Rasierwasser, Cremes und was sonst noch alles die feinen Damen und Herren benützen, um noch feiner zu sein. Die Kinder riechen und suchen ihren Lieblingsduft.
Freitag: Ob die Mütter mitmachen und erlauben, daß heute ihre Kinder einen Hauch ihres Parfüms auf den Kleiderärmel gesprüht oder getupft bekommen? Das wäre fein! Denn umhüllt von feinen Duftwolken ziehen heute die Kinder im Kindergarten ein. Jeder wird beim andern riechen wollen. Wie fein das duftet!

Schmecken

Das mag ich am liebsten

Wenn die Kinder von ihrem Lieblings-Essen reden, dann läuft ihnen das Wasser im Munde zusammen, sie schlucken und kauen, als würden sie wirklich Spaghetti essen, Eis lecken, Gummibärchen mampfen, Schokolade lutschen oder Popcorn knabbern. Daraus entsteht ein lustiges Pantomime-Ratespiel: Einer tut so, als würde er etwas Leckeres essen, und die andern raten, was es ist.

Probier doch mal!

Anstatt der Pausenbrote gibt es heute Rohkost: Äpfel, Birnen, Mandarinen und anderes Obst, auch eine Zitrone ist dabei, dann gibt es Möhren, Kohlrabi, Gurken und anderes Gemüse, und auch Erdnüsse, Haselnüsse, Paranüsse usw. Alles ist in kleine Stückchen geschnitten. Die Kinder dürfen zugreifen, schmecken, probieren, naschen und genießen.

Test: Gekocht oder roh?

Manche Nahrungsmittel schmecken ganz anders, wenn sie gekocht sind. Diesen Unterschied sollen die Kinder einmal ganz bewußt erfahren.
Also, wählen sie verschiedenes Obst oder Gemüse aus, nehmen die Hälfte und kochen es, und dann geht der Geschmacks-Test los:

Die Nahrungsmittel werden gekocht und roh aufgetischt, und jedes Kind probiert ein kleines Stückchen, vergleicht, riecht und kostet, zum Beispiel Möhren, Tomaten, Äpfel, Kirschen usw. Wie schmeckt es besser? Gekocht oder roh?

Schmecken und raten

Wieder steht eine große Schüssel mit kleingeschnittenem Obst und Gemüse auf dem Tisch. Doch nun heißt es aufgepaßt: Einer muß die Augen schließen und bekommt vom andern ein Stückchen in den Mund geschoben. Was ist es?

Eine geschmackvolle Woche

Montag = Obst-Tag: Gemeinsam mit den Kindern werden auf dem Wochenmarkt Obst, Beeren und Nüsse eingekauft. Jedes Kind darf eine kleine Tüte mit jeweils einem anderen Obst tragen. Im Kindergarten wird alles ausgebreitet. Die Kinder schauen, schnuppern und betasten und helfen auch bei der Zubereitung des großen Obstsalats.

Dienstag = Gemüse-Tag: Und noch einmal geht es auf den Markt, diesmal wird Gemüse eingekauft. Die verschiedensten Gemüsesorten werden ausgesucht und eingepackt. Im Kindergarten erfahren die Kinder mehr über Anbau und Herkunftsland der Gemüse. Und dann gibt es eine bunte Gemüsesuppe, die Kinder helfen mit.

Mittwoch = Nasch-Tag: Was darf es sein, ein Gummibärchen, ein Pfefferminztaler, ein Honigbonbon oder Kokoshäufchen, etwas Bärendreck gefällig oder lieber ein Stückchen Schokolade? Wie in einem Tante-Emma-Laden sind die süßen Kostbarkeiten in Gläsern aufbewahrt und aufgestellt. Und Sie sind die „Tante Emma" und teilen die Leckereien an die Naschkatzen aus. Für jeden ist von allem was da. Aber nur ein Stück! Und wie schmeckt's?

Donnerstag = Pfannkuchen-Tag: Heute gibt es Pfannkuchen und jeder darf auswählen, was er in seinen Pfannkuchen eingerollt haben möchte: Erdbeer-Marmelade oder Leberwurst? Eine schwere Entscheidung, denn beides schmeckt prima-lecker!

Freitag = Tee-Tag: Heute richten die Kinder eine kleine Teestube ein. Die verschiedenen Teesorten sind in Extra-Gläser gefüllt. Riechen ist ausdrücklich erlaubt! Es gibt Pfefferminztee, Kirschtee, Beerentee, Hagebuttentee, Kräutertee, Zitronentee, Orangentee, Apfeltee... Das Angebot heißt so: Wenn vier Kinder sich für eine Teesorte entschieden haben, wird eine kleine Kanne davon zubereitet.

Eine Getränke-Milch-Bar

Auf einem Regal in der Ecke stehen Kannen, Krüge und Flaschen. Überall ist Milch drin, das sieht jeder. Doch wer daran schnuppert, wird feststellen, daß jede Milch anders riecht. Da gibt es Erdbeermilch, Bananenmilch, Ananasmilch, Pfefferminztee mit Milch, Orangenmilch, Vanillemilch usw. Wer heute Durst hat, darf sich selbst bedienen, drüben in der Ecke an der Milchbar.

Noch mehr Ideen!

Wörter zum Essen

Nein, nicht die Wörter werden aufgegessen, sondern die Kinder suchen alle Wörter zusammen, mit denen man das Schmecken und Essen noch treffender beschreiben kann. Die Wörter klingen toll, und manch einer wird begeistert ein neues Wort dazulernen: essen, kauen, mampfen, schmatzen, verschlingen, verschlucken, knabbern, lutschen, schlotzen, trinken, nippen, hinunterkippen... Und jedes Wort wird pantomimisch nachgespielt. Das ist ein Spaß, und die Kinder werden sich kugeln vor Lachen!

Tasten und **Fühlen**

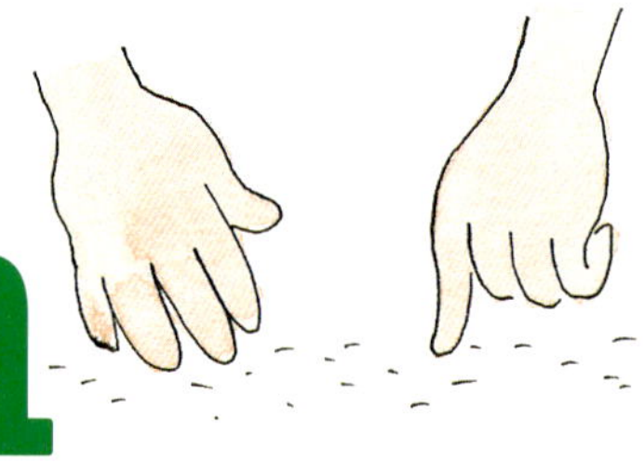

Was unsere Hände alles können

Unsere Hände können malen, Papier schneiden, Schleifen binden, ein Glockenspiel spielen, mit Bauklötzen bauen, Knete formen, Perlen auffädeln, sie können weiche und harte, spitze und runde Dinge ertasten und Kälte und Wärme spüren. Das ist ein Grund, uns gegenseitig die Hände zu schütteln und uns gegenseitig zu diesen tollen Händen zu gratulieren! Und wie fühlt sich so ein Händedruck an?

Wer bist du?

Das ist ein altbekanntes Partyspiel, immer wieder lustig und doch sehr interessant! Einer bekommt die Augen zugebunden, ihm gegenüber sitzt sein Mitspieler. Wer das ist, muß der „Blinde" herausbekommen, indem er dessen Gesicht mit seinen Händen abtastet. Ganz liebevoll und vorsichtig muß er dabei sein. Das Tasten ist eher ein sanftes Streicheln als ein festes Drücken. So gefällt es auch den Mitspielern, und sie werden sich gerne und freiwillig als Spielpartner melden.

Wege spüren

Ein Kind bekommt die Augen zugebunden und wird von seinem Freund durch den Garten geführt, über den Steinweg auf die Wiese. Ab wann betritt der „Blinde" die Wiese? Das gilt es herauszubekommen. Barfuß geht das „Wege spüren" noch besser.

Und wenn die Kinder Spaß daran haben, werden bald alle barfuß über die Wiese rennen, weiter geht's durch den Sandkasten, über die Kieselsteine am Haus und über den Erdboden beim Klettergerüst. Machen Sie auch mit?

Tasten und raten

Alle Kinder sitzen im Kreis und halten ihre Hände nach hinten. Hinter ihrem Rücken kreisen verschiedene Dinge, zum Beispiel ein Holzauto, eine Zahnbürste, eine Puppenmütze, ein Wattebällchen. Die Kinder tasten und raten und geben den Gegenstand weiter. Eine Spielvariante: Ein Kind wandert außen im Kreis herum und gibt einem andern Kind etwas in die Hand. Was ist es? Hat dieser es erraten, werden die Rollen getauscht.

Fühlen und raten

Da gibt es etwas, was wir nicht tasten, aber um so besser fühlen können – die Temperatur. Dazu ein Experiment: Mehrere Schüsseln werden mit verschieden warmem Wasser gefüllt. Welches Wasser ist am wärmsten? Wo ist Eiswasser drin? Klar, daß bei diesem Spiel kein heißes Wasser verwendet wird! Die Kinder werden eine interessante Entdeckung machen: Wenn sie ihre Hand in das Eiswasser tauchen, dann wirkt das lauwarme Wasser viel wärmer.

Ein Bastelprogramm voller Tastspiele

Tast-Kiste: In einen großen Karton werden an einer Seite zwei Löcher eingeschnitten, so groß, daß zwei Hände durchschlüpfen können. Die gegenüberliegende Seite wird so ausgeschnitten, daß sie nach oben geklappt werden kann. Das ist der Sichtschutz, darunter sind verschiedene Spielsachen versteckt. Ein Kind streckt nun seine Hände in den Karton, ein anderes gibt ihm etwas zum Tasten und Raten.

Tast-Brett: Auf ein Brett werden verschiedene Dinge mit Knete festgeklebt, zum Beispiel Naturspielsachen wie ein Kiefernzapfen, ein Kieselstein, ein Stückchen Rinde, ein Ast, ein Blatt, ein Grashalm, ein Tannenzweig usw. Dann bekommt ein Kind die Augen verbunden, und sein Spielpartner führt die Hand des „Blinden" über das Tastbrett, vorbei an zwei oder drei Dingen. Dann wird die Augenbinde wieder abgenommen, und der Spieler muß den gleichen Weg auf dem Tast-Brett wiederfinden.

Tast-Leine: An einer Wäscheleine hängen Stoffreste, feste, weiche, feine, wollige, kribbelige, dazwischen sind verschiedene Geschenkbänder und dicke und dünne Schnüre und Fäden geknüpft. Die Kinder gehen mit geschlossenen Augen an dieser Leine entlang, tasten und fühlen. Ist es rauh oder glatt, weich oder fest, dünn oder dick, pelzig oder schmuseweich? Die Kinder erfinden Spielregeln dazu.

Tast-Weg: Die Füße wollen auch etwas zum Tasten haben. Deshalb bekommen sie diesen Fuß-Wander-Weg. In Schuhschachteln, die nebeneinander aufgereiht sind, werden Sachen gefüllt, zum Beispiel Sand, Erde, Moos, Kieselsteine, Gras, oder Dinge wie Bauklötze, Murmeln, Puppenkissen, Waschlappen. In jede Schachtel kommt etwas anderes, und man kann immer wieder neue Sachen nehmen, je nachdem, ob der Tastweg draußen oder drinnen aufgebaut wird. Und die Spielregel? Barfuß den Schachtelweg durchwandern.

Schauen

Schau, wie weit wir sehen können

Bis zum Wipfel des Baumes können wir schauen. Nein, viel weiter! Bis zum nächsten Haus. Viel, viel weiter! Bis ans Ende der Straße. Noch viel weiter! Bis zu den Wolken. Wirklich noch viel weiter! Bis zur Sonne! Und das ist sehr, sehr weit!

In die Augen schauen

Wir schauen mit unseren Augen. Klar, was denn sonst? Mit den Ohren vielleicht? Ein Gelächter bricht aus! Was soll denn das? Ganz einfach: Schauen wir doch mal unsere Augen genauer an, die runde, farbige Iris und die kleine schwarze Pupille in der Mitte. Durch dieses Löchlein sehen wir die ganze Welt. Toll! Schnell einen Spiegel hervorgeholt und jedes Kind schaut sich selbst in die Augen. Und wer will, kann auch mal anderen tief in die Augen blicken.

Die rosarote Brille

„Der schaut durch eine rosarote Brille", sagt man, wenn einer die Welt nur von der heiter harmlosen Seite betrachtet. Warum nicht?
So eine rosarote Welt sieht doch ganz amüsant aus? Oder wäre eine knallrote oder himmelblaue Welt besser?

Die Kinder basteln aus Fotokarton eine Brille oder eine große Lupe, wählen aus Transparentpapier eine schöne Farbe aus, kleben das Papier auf und schneiden die überstehenden Papierzipfel weg. Jetzt kann jeder die Welt so bunt sehen, wie er will.

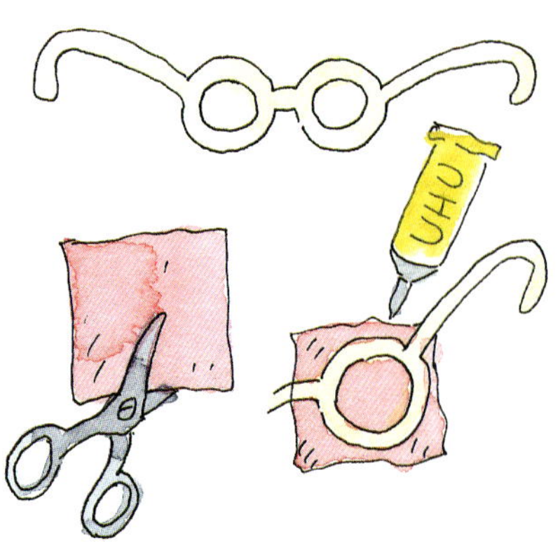

Bild betrachten

Ein schönes, buntes Bild wird an der Wand befestigt, so daß alle Kinder das Kunstwerk sehen können. Die Kinder berichten, was ihnen gefällt und was nicht. Stimmt das Bild fröhlich oder traurig? Fühlen die Kunstbetrachter sich wohl oder unbehaglich dabei? Ein interessantes Gespräch beginnt.

Wie wir aussehen

Die Kinder sitzen im Kreis und schauen sich alle an. Wer hat eine rote Jacke an? Wer baumelt mit den Füßen? Wessen Schuhbändel ist offen? Schnell wieder zubinden. Wer hat lange Haare?

Den Blick wandern lassen

Die Kinder sitzen auf dem Boden, schön bequem auf Kissen oder Decken. Und nun heißt es ganz still sein und nur schauen.
Vielleicht eine halbe Minute lang? Nur umherschauen, alles anschauen, den Blick rundum wandern lassen.

Was gibt es zu sehen? Keiner kann nachher alles aufzählen, was er mit den Augen entdeckt hat. Für die Kinder ist dieses Spiel etwas ungewöhnlich, aber lehrreich. Denn manch einer hat das ruhige Schauen noch gar nicht gelernt.

Was ist anders?

Zwei Kinder stellen sich vor die andern und lassen sich anschauen. Dann gehen sie aus dem Raum und tauschen etwas aus, zum Beispiel ihre Jacken oder Haarschleifen oder Gürtel.
Ob die andern es herausfinden?
Das gleiche Spiel geht auch mit einem Spieler. Wer ist so mutig und läßt sich von allen genau betrachten? Der darf dann bei sich etwas verändern, zum Beispiel die Ärmel hochkrempeln, seine Haare zerzausen oder einen Schuh öffnen. Dieses Ratespiel kann ganz schön schwierig werden.

Noch mehr Ideen!

Sonderprogramm: Schau genau!

Nachfolgend eine Liste mit vielen Spielen, bei denen die Kinder mit großer Aufmerksamkeit und Konzentration genau schauen müssen. Eine Herausforderung an kleine Unruhegeister, aber Spaß macht es trotzdem.

Fünf Dinge: Fünf Gegenstände liegen auf dem Tisch. Die Kinder schauen sie genau an und merken sich jedes Ding. Dann wird alles mit einem Tuch zugedeckt. Wer kann sagen, was unter dem Tuch liegt?

Was fehlt: Fünf oder mehr Gegenstände liegen auf dem Tisch. Ein Tuch wird darübergelegt, heimlich ein Gegenstand weggenommen, das Tuch wieder weggezogen. Was fehlt?

Eines mehr: Das Spiel geht wie „Was fehlt", doch wird jetzt ein Gegenstand heimlich dazugelegt. Welcher ist es?

Einzelgänger: Auf dem Tisch liegen viele Spielsachen, jedes Ding ist zweimal da, außer einem. Wer findet in diesem Durcheinander den Einzelgänger?

Etwas ist verrückt: Wieder liegen viele Sachen auf dem Tisch. Dann kommt ein Tuch darüber, und unter dem Tuch wird ein Gegenstand an einen anderen Platz gelegt.

Ein Trick dabei: Mehrmals so tun, als würde man einen Gegenstand an eine andere Stelle legen. Denn die Kinder beobachten, wie und wohin sich die Hand unter dem Tuch bewegt.

Hören

Der hört die Flöhe husten

So sagt man, wenn einer ganz besonders gut hören kann. Jetzt wollen die Kinder gleich selber ausprobieren, wie gut sie hören können. Aufgepaßt: Wer hört, wie Sie husten? Das hören alle. Ist ja auch keine Kunst, Sie sind schließlich kein Floh! Doch hören die Kinder auch, wie Sie atmen? Mit geschlossenen Augen geht das besser, da kann man sich mehr auf das Hören konzentrieren. Machen sie noch mehr leise Töne und Geräusche. Das spornt die Kinder an, und stolz werden sie Ihnen die Mitteilung machen, daß sie beinahe Flöhe husten hören können.

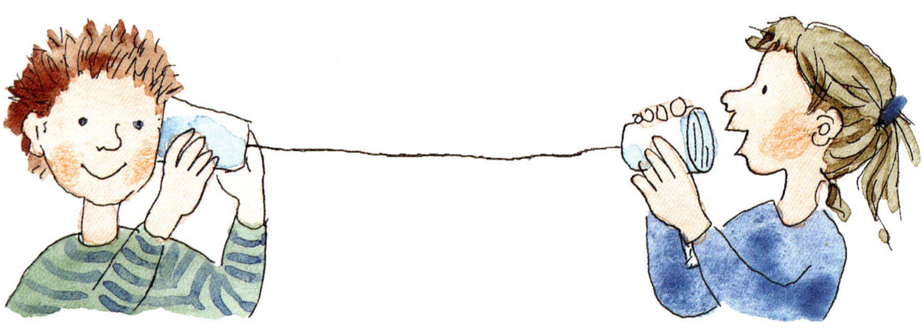

Kinder bauen Hör-Geräte

Hör-Trichter: Man braucht dazu einen großen Trichter aus der Küche oder rollt aus Papier eine Trichterröhre zusammen. Mit diesem Schalltrichter am Ohr hört man alle Geräusche viel lauter. Eine spannende Entdeckung.
Hör-Schlauch: Von einem Gartenschlauch werden zwei oder drei Meter abgeschnitten. Ein Kind hält den Schlauch ans Ohr, ein anderes flüstert hinein. Ganz deutlich kann man die Worte verstehen. Eine Regel muß dabei eingehalten werden: Nicht brüllen!
Hör-Schnur: An eine zwei bis drei Meter lange Nylonschnur wird an den Enden jeweils ein Joghurtbecher befestigt. Durch dieses Schnur-Telefon kann man sich nun unterhalten, dabei muß die Schnur straff gespannt sein. Der eine spricht in den einen Becher, der andere hält den andern Becher ans Ohr und kann alles verstehen.

Noch mehr Ideen!

Geräusche-Studio

Auf dem Tisch liegen viele Dinge, mit denen man etwas machen kann, zum Beispiel mit einer Schere ein Stück Papier durchschneiden, ein Glas Wasser in einen Topf umfüllen, einen Würfel über das Spielbrett kullern lassen. Die Kinder haben sicher noch mehr Geräusche-Spiel-Ideen. Und mit dem Kassetten-Recorder wird alles aufgenommen. Das gibt ein Hallo, wenn die Kinder beim Abspielen und Zuhören der Kassette ihre Geräusche wiedererkennen!

Jeden Tag ein bißchen Musik

Montag: Jedes Kind sucht ein Musikinstrument aus. Nun werden Handzeichen für den Dirigenten vereinbart, Zeichen für laute oder leise Musik, oder hüpfende oder fließende Töne. Sind alle bereit? Der Dirigent hebt die Hand, das bunte Musikspiel beginnt und hört erst wieder auf, wenn der Dirigent das Zeichen für den Schlußton gibt.
Dienstag: Mehrere Sprudelflaschen stehen auf dem Tisch und sind unterschiedlich hoch mit Wasser gefüllt. Die Kinder schlagen die Flaschen mit einem Stab an, untersuchen die Töne und stellen eine Tonleiter zusammen. Nun kann man auf diesen klingenden Flaschen kleine Melodien spielen, wie auf einem Glockenspiel.
Mittwoch: Leere Teebüchsen und andere Gläser werden jeweils mit ein paar Steinchen gefüllt. Jetzt hat jedes Kind eine Rassel zum Spielen. Welches Lied soll mit der Rasselmusik begleitet werden? Achtung, alle stellen sich wie ein Orchester auf. Ein Dirigent gibt das Zeichen, und schon geht es los mit Singen und Grölen, Rasseln und Klappern.
Donnerstag: Alle Glockenspiele, Xylophone, Metallophone und Klangstäbe werden hervorgeholt. Wenn die Musikanten nur auf den Tönen C - E - G - spielen, dann klingt das wunderschön.
Freitag: Die Kinder sitzen im Kreis, in der Mitte steht das große Xylophon. Wer will beginnen und den Zuhörern eine kleine Melodie vorspielen, einfach so, irgendetwas? Da gibt es keine falschen Töne, denn jeder kann seine Melodie selbst erfinden. Die andern lauschen und bedanken sich mit einem Applaus!

Hör-Ratespiel

Wenn die Kinder die Augen schließen, dann können sie trotzdem erkennen, was um sie herum passiert. Wie geht das? Einfach aufmerksam hören. Und das ist auch die Spielregel:

Ein Kind schließt die Augen, ein anderes macht im Zimmer irgend etwas, zum Beispiel eine Schranktür öffnen, einen Stuhl verrücken, den Puppenwagen in eine andere Ecke schieben, einen Ball prellen, mit Bauklötzen einen Turm bauen usw.

Glockenklänge

Es gibt Tischglocken, Fahrradbimmeln, Weihnachtsbaumglocken, Osterhasenglöckchen, das Glöckchen vom Kasperltheater usw. Suchen Sie verschiedene Glocken zusammen und stellen alle auf den Tisch. Zuerst werden die Glocken, Bimmeln und Schellen zum Klingen gebracht und die Töne miteinander verglichen. Dann kann das Spiel beginnen: Ein Kind läutet eine Glocke, ein anderes muß die Augen schließen und raten.

Woher und Wohin?

In der Kreismitte sitzt der Hörer mit verbundenen Augen. Auf ein Zeichen wechseln zwei Kinder ihre Plätze. Der Hörer zeigt in die Richtung. Stimmt's? Das kann er selbst nachprüfen, wenn er die Augenbinde wieder abnimmt und schaut, wer auf einem anderen Platz sitzt.

Miteinander leben

Miteinander in einer Kindergruppe leben, das ist für die kleinen Kinder gar nicht so einfach. Plötzlich sind da lauter Gleichgesinnte, die alle Mittelpunkt sein und ständig die Aufmerksamkeit der Erwachsenen auf sich ziehen wollen. Aber in einer Kindergartengruppe geht das nicht, da ist alles anders. Darauf reagieren die Kinder unterschiedlich, ziehen sich zum Beispiel enttäuscht oder ängstlich zurück, andere legen richtig los, wollen Bestimmer sein oder wenigstens als Gruppenkasper beachtet werden. Beide Verhaltensweisen zeigen allerdings, daß die Kinder noch nicht gelernt haben, sich in einer Gruppe zurechtzufinden. Deshalb müssen die einen lernen, auf andere zuzugehen, laut zu sagen, was sie denken, und die andern müssen lernen, mal still zuzuhören und sich in eine Gruppe einzuordnen. Auch das Hergeben, Nachgeben, Abwarten und Teilen sind Sozialverhalten, die man nur in einer Gruppe lernen kann. Und der Kindergarten ist hier das beste Lernfeld.

Wenn die Kinder erleben, daß es Spaß macht, Freunde zu haben, daß es spannend ist, mit vielen Kindern ein Spiel zu machen, daß es schön ist, mit den anderen in der Kuschelecke zu sitzen und Geschichten zu hören, gemeinsam um den Helden zu bangen und über das gute Ende sich zu freuen. Solche Erlebnisse gibt es nur in der Gruppe. Deshalb ist es wichtig, daß die Kinder im Kindergarten viele Gruppenspiele angeboten bekommen, bei denen das Gruppengefühl aufgebaut wird. Dann sind sie von sich aus gerne bereit, sich in die Kinderschar einzufügen.

Ich und du

Kennst du mich?

Diesmal schauen sich die Kinder ganz genau an. Am besten geht das, wenn sich zwei Spieler gegenübersitzen. Die Spielregel: Die beiden Kinder betrachten sich von oben bis unten. Dann dreht sich ein Kind um und hält sich die Augen zu. Das andere verändert etwas an sich, knöpft zum Beispiel die Jacke auf oder öffnet ein Schuhbändel. Dann klatscht es in die Hände, als Zeichen dafür, daß der Mitspieler wieder schauen darf. Was ist anders?

Der hat 'ne Laune

Ist diese nun gut oder schlecht? Auf einem Stimmungsbild kann jeder nachschauen, wie es damit steht. Ein Blatt Papier wird in zwei Hälften eingeteilt. In den oberen Teil malt das Kind ein lachendes, in den unteren Teil ein zorniges Gesicht. Wer nicht weiß, wie er die beiden Gesichter malen soll, der probiert vor dem Spiegel seine launischen Grimassen aus.

Na, alles klar? Zum Schluß werden alle Bilder an einer Wand aufgehängt, und jedes Kind kennzeichnet mit einer Wäscheklammer, in welcher Stimmung es gerade ist. Wenn sich die Stimmung ändert, muß auch die Klammer am Bild verrutschen. Dies könnte ein Anlaß sein, darüber zu reden.

Eine Woche voller Lachen

Montag: „Armer, schwarzer Kater“ heißt das alte Kinderspiel. Einer ist dieser arme Kater und miaut vor einem Mitspieler dreimal jämmerlich und herzzerreißend. Muß der andere lachen, werden die Rollen getauscht. Wenn nicht, geht der Kater zum nächsten.
Dienstag: Wie lacht ein Kasperl, wie ein Räuber, wie die Hexe und wie die feine Prinzessin? Dieses und noch mehr probieren die Kinder aus. Das gibt ein Kichern, Lachen und Grölen!
Mittwoch: Mit Theaterschminke malt sich jedes Kind ein witziges Clowngesicht. Dann geht der Spaß los: Einer macht etwas Lustig-Komisches vor, die andern spielen es nach.
Donnerstag: Da hat ein Hund sechs Beine, ein Elefant zwei Rüssel, da fliegt einer mit 'nem Propeller auf dem Po durch die Luft… Die Kinder erfinden und malen ein Bild voller lustig-verrückter Quatschsachen.
Freitag: Jedes Kind malt auf einen Pappteller ein lachendes Gesicht. Diese Vorhalte-Maske kann es als Erinnerung an diese Woche voller Lachen mit nach Hause nehmen.

Familienbild

Jedes Kind malt ein großes Bild von seiner Familie, was es zu Hause gerne spielt und wo es sich daheim am liebsten aufhält. Wer will, erklärt sein Bild den andern Kindern. Doch nur wer still zuhören kann, darf bei diesem Bilder-Gespräch dabei sein. Erst am Schluß jeder Vorstellung dürfen die Kinder Fragen stellen.

Hände und Füße

Wer findet Hände, die genauso groß sind wie die eigenen?
Da geht ein Suchen und Händepatschen los. Aber Spaß macht's!
Wenn sich zwei mit gleichgroßen Händen gefunden haben, bleiben sie stehen und warten, bis jeder seinen Partner hat.

Dann geht es weiter mit den Füßen. Wessen Füße sind gleichgroß? Jetzt gibt es ein lustiges Bodenkrabbeln und Füßeausstrecken. Dieses Spiel wird sicher in einem lauten Gekicher enden, denn das Füßevergleichen kitzelt an den Fußsohlen!

Das Interview

Ein Kind ist Reporter, mit flotter Schildmütze und Mikrophon. Die andern Kindern sitzen im Kreis. Der Reporter geht auf ein Kind zu, hält ihm das Mikrophon unter die Nase und fragt etwas, zum Beispiel ob man glaubt, daß es Gespenster gibt oder ob man gerne zum Mond fahren möchte oder stellt sonst eine verrückte Frage. Der andere kann antworten, was ihm gerade dazu einfällt. Dann werden die Rollen getauscht, der nächste zieht als Reporter los.
Wenn die Kinder dieses Spiel gerne machen, dann könnten Sie ein Interview-Spiel mal auf Tonband aufnehmen. Der Spaß ist groß!

Kinderträume

Man kann bei Nacht, aber auch mitten am Tag träumen! Vor allem die Tagträume können wunderschön sein und die Wünsche ein kleines Weilchen Wirklichkeit werden: Man kann stärker als der stärkste Löwe sein, wilder als die wildesten Kerle, man kann mit einem Rennwagen durch die Straßen flitzen oder mit einer Rakete über den Himmel sausen, man kann auf einem Pferd durch die Prärie galoppieren oder das Schneewittchen bei den sieben Zwergen besuchen.

Die Kinder zeichnen ihren schönsten Traum. Alle sind leise, damit keiner gestört wird. Im Hintergrund ist leise, sanfte Musik zu hören. Und wer will, kann später den andern von seinem Traum erzählen. Aber erst später.

Freunde und Freundinnen

Sie stecken unter einer Decke

So heißt es, wenn sich Freunde gut verstehen, wenn sie zusammenhalten, sich gegenseitig unterstützen, Freud und Leid miteinander teilen. Bei diesem Spiel stecken wirklich zwei unter einer Decke, das geht so: Viele Decken oder alte Vorhänge liegen auf dem Boden verteilt. Mit Kassettenmusik wandern die Kinder hin und her. Stoppt die Musik, schlüpfen zwei oder mehr Kinder unter eine Decke, unterhalten sich flüsternd und erscheinen erst wieder, wenn die Musik ertönt und zum Weiterwandern auffordert.

Herzklopfen hören

Das Herz klopft ganz leise. Man kann es aber hören, wenn man das Ohr an die Stelle des Herzens legt. Wer darf bei seinem Freund das Herzklopfen hören? Das ist Vertrauenssache!

Vorsicht: Kamera!

Die Kinder fotografieren ihre Freunde mit einer selbstgebastelten Sofortbildkamera: Eine kleine Schachtel ist die Kamerabox, vorne wird eine Scheibe als Objektiv herausgeschnitten, dahinter oben ein Schlitz eingeschnitten, in den man ein Bildkärtchen durchstecken kann. Dann wird ein Auslöser-Knopf aufgeklebt und ein Umhängeband befestigt.

Und so funktioniert die Kamera: Jeder Fotograf malt seine Freunde auf kleine Kärtchen, die steckt er einzeln hinter das Objektiv, fotografiert und zieht das Bild als Foto wieder heraus. Schau, wie die Aufnahme gelungen ist!

Noch mehr Ideen!

Sonderthema: Geben, Teilen und Helfen

Lieblingsspielzeug: Heute bringt jedes Kind sein Lieblingsspielzeug mit und stellt es den andern vor. Ob es gelingt, daß alle Kinder für einige Zeit ihr Lieblingsspielzeug einem anderen geben? Vielleicht eine halbe Stunde?
Pausenbrote: Vesperbrote teilen? Für manche Kinder unmöglich! Oder doch? Wollen wir es alle zusammen probieren? Die Kinder setzen sich zu dritt oder viert an einen Tisch, legen ihre Brote in die Mitte und teilen alles so auf, daß jeder etwas abgibt und vom andern etwas bekommt.
St. Martin: In der Legende von St. Martin wird berichtet, daß dieser seinen Umhang in zwei Hälften zerriß und die eine Hälfte einem frierenden Bettler gab. Es macht Sinn, diese Geschichte jetzt zu erzählen.
Mensch-freue-dich: Das sind neue Spielregeln eines bekannten Ärgerspiels: Jetzt kommt es darauf an, daß zwei Männlein auf einem Platz zusammenkommen, dann können sie bei jedem Würfeln zusammen weitermarschieren.
Altes Spielzeug abgeben: Vor dem Geburtstag oder vor Weihnachten sortieren die Kinder ihr Spielzeug aus, um Platz für Neues zu machen. Die Spielsachen werden gesammelt. Bei der Kirchengemeinde kann man erfahren, wem die Kinder dieses Spielzeug schenken können.

Sich etwas Nettes sagen

Miteinander streiten, das fällt uns oft leichter, als dem andern etwas Nettes zu sagen! Probieren wir es trotzdem einmal: Die Kinder sitzen im Kreis. Der erste reicht seinem Nebensitzer einen Ball und sagt ihm dabei etwas Schönes, zum Beispiel: Du kannst so schön in der Puppenecke spielen… du hast mir gestern toll geholfen beim Basteln. So wandern Ball und liebe Worte im Kreis herum.

Ich möchte dein Freund sein

Bei dem altbekannten Spiel „Mein rechter Platz ist leer" können die Kinder zeigen, neben wem sie gerne sitzen würden. Vielleicht beginnen mit diesem Spiel neue Kinderfreundschaften?

Vertrauen haben

Alle Kinder stehen im Raum verteilt und sind ganz still. Ein Kind bekommt die Augen verbunden, sein Freund führt es an den Händen durch den Raum, vorbei an den Kindern, ganz behutsam, ohne anzurempeln. Eine spannende Sache! Nach einem Gongschlag werden die Rollen getauscht, oder ein anderes Paar kommt an die Reihe.

Die neuen Kinder kommen in die Gruppe

Etwas schüchtern stehen die Neuen an der Tür und halten sich ängstlich an der Hand der Mutter oder am Hosenbein des Vaters fest. Und den Eltern ist auch komisch zumute. Die Stimmung ist angespannt, die Tränen in den Augen werden heimlich weggewischt. Ob das heute gut geht? Das haben Sie in der Hand. Sie können die „alten Kinder" der Gruppe auf diesen Tag vorbereiten und sie zum Beispiel daran erinnern, wie ihr erster Kindergartentag gewesen war. Dann überlegen alle, was man tun kann, damit dieser erste Tag ein schöner Tag wird.

Freundschaftsbändchen

Die „alten" Kinder flechten aus bunter Wolle viele Zöpfchen, das sind Freundschaftsbändchen, jeweils zwei müssen gleich aussehen. Diese Bändchen werden verteilt: Eines bekommt ein „altes" Kind, eines ein „neues" Kind. Die Kinder mit den gleichen Bändchen gehören zusammen, einen Tag lang. Vielleicht geht es jetzt den Neulingen besser, weil sie schon einen Freund in der Gruppe haben?

Bilder-Tagebuch

Bringen Sie in der ersten gemeinsamen Woche mit den alten und neuen Kindern Ihren Fotoapparat mit und fotografieren den ganzen Tag immer wieder die Kinder beim Spielen und Basteln. Wenn die Kinder wollen, dürfen sie sich auch verkleiden und sich witzige Foto-Szenen ausdenken.

Sammeln Sie auch die Zeichnungen, die in diesen Tagen gemalt werden. Ist die Woche um, werden die Fotos entwickelt und mit den Kinderzeichnungen zu einem schönen Bilderbuch zusammengestellt. Nun haben die Kinder ein Bilder-Tagebuch von ihrer ersten gemeinsamen Woche im Kindergarten. Eine bleibende Erinnerung!

Dem andern zuhören

Jedes Kind wählt ein Instrument. Alle stehen im Kreis. Ein Musikant wandert spielend im Innenkreis, bleibt vor einem Kind stehen und spielt ihm auf seinem Instrument etwas vor, irgendeine frei erfundene Musik.

Wenn er mit seiner Improvisation fertig ist, spielt der andere auch etwas, was ihm gerade so einfällt. Danach tauschen die beiden die Plätze, der nächste zieht los, um einem anderen etwas vorzuspielen.

Namen lernen

Alle Kinder sitzen im Kreis. Jedes Kind flüstert seinem Nebensitzer links und rechts seinen Vornamen zu.
Dann beginnt das Spiel:

Jedes Kind stellt der Gruppe die beiden Kinder vor, die neben ihm sitzen. Auf diese Weise lernen alle Kinder die Namen, und zudem wird jeder Name gleich zweimal genannt. Um so besser!

Wer sitzt neben wem? Ein Kennenlern-Programm

Der Stuhlkreis ist aufgebaut, doch wer sitzt neben wem? Dazu gibt es jeden Tag ein anderes Spiel:

Montag: Jedes Kind wählt ein kleines Spielzeug aus. Alle Spielsachen werden eingesammelt, und Sie verteilen diese auf den Stühlen. Nun weiß jeder seinen Platz.

Dienstag: Die Kinder werden mit einem Abzählvers ausgezählt. Wen es trifft, der nimmt Platz, der Reihe nach nebeneinander: Fixli Fax, du nimmst Platz!

Mittwoch: Jeder malt von sich ein Selbstportrait, die Bilder werden als Platzhalter auf den Stühlen ausgelegt.

Donnerstag: Die Memory-Kärtchen helfen diesmal, den Platz zu finden. Jedes Kind nimmt eine Spielkarte und sucht auf den Stühlen nach dem gleichen Bild.

Freitag: Ein Kind bekommt die Augen verbunden und tastet nach einem leeren Stuhl. Das ist sein Platz. Der nächste ist dran, bekommt die Augen verbunden und sucht wieder nach einem freien Platz. Am Anfang geht das ganz leicht, am Schluß muß man richtig suchen und sich an der sitzenden Kinderschar entlangtasten. Das gibt ein Gekicher!

Willst du mitspielen?

Willst du neben mir sitzen! Soll ich dir zeigen, was ich da mache? Mit diesen Fragen wenden sich die „alten“ Kinder aus der Gruppe an die „Neuen“. Die einzige Regel: Mitmachen ist freiwillig!

Wohnraum

Kindergarten

Den lieben langen Tag miteinander wohnen

Vom frühen Morgen bis zum späten Nachmittag halten sich manche Kinder im Kindergarten auf. Das ist ganz schön lange! So gesehen ist für die Kinder der Kindergarten die zweite Wohnung und der Gruppenraum ein zweites Wohnzimmer. Wie wohnlich sieht es denn da aus? Finden die Kinder diesen Kindergarten-Wohnraum gemütlich schön oder langweilig blöd? Haben sie Verbesserungsvorschläge? Das können Sie in einem Gruppengespräch erfahren.

Der Waschraum wird zum Meer

Könnte der Waschraum nicht mal ein großes Meer sein? Warum nicht? An einer freien Wand wird eine große Tapete angebracht, und mit Wasserfarben verwandeln die Kinder die weiße Fläche in ein großes Meer, mit Schiffen, Inseln, mit Sandboden, Korallenriffen, Muscheln und Seesternen.

Die Fische werden extra gemalt, ausgeschnitten und aufgeklebt. Ein paar Fische schwimmen auch direkt durch den Waschraum, sie hängen an Fäden von der Decke herab. Oben an der Decke hängt ein altes Fischernetz, aber darin haben sich nur eine Blechdose und eine Flaschenpost verfangen.

Den Kindergarten auskundschaften

Die Kinderschar geht im Kindergarten auf Entdeckungsreise. Die Kinder schauen in alle Zimmer und Ecken, öffnen jede Türe und entdecken jeden Winkel.

Auch die Besenkammer, der Abstellraum, der Waschraum und die kleine Rumpelkammer werden besichtigt. Jetzt kennen sie sich aus!

Lieblingsecke

Alle Kinder wandern im Gruppenraum umher und bleiben schließlich dort stehen, wo es ihnen am besten gefällt. Warum? Das verraten sie nachher.

Könnte man nicht...

Ja, die Kinder haben viele Ideen, wie man den Raum neu gestalten könnte. Geben Sie den Kindern immer wieder Gelegenheit, darüber zu sprechen, zu diskutieren und zu phantasieren. Und bestimmt können Sie die eine oder andere Idee der Kinder realisieren.

Sonderprogramm, um alle Spielsachen kennenzulernen

Montag = Bautag: Heute wird die Bauecke erforscht. Alle Klötze werden aus den Kisten und Kästen gekippt. Was gibt es noch für Baumaterial? Alle Kinder bauen zusammen eine große Burganlage.
Dienstag = Puppentag: Heute wird die Puppenecke besucht. Wie heißen die Puppen, welche Betten gibt es, wie sehen die Puppenkleider aus? Haben die Puppen auch Spielsachen? Der Gruppenraum wird heute in eine große Puppenstube umgebaut.
Mittwoch = Legespieltag: Heute lernen die Kinder die Lege-Materialien kennen. Sie schleppen alles herbei, was für ein Legespiel geeignet ist. Dann wird Platz geschaffen für ein riesengroßes Legespiel mitten im Gruppenraum. Und alle Kinder machen wieder mit.
Donnerstag = Künstlertag: Womit kann man malen, was gibt es zum Basteln? Die Kinder ziehen los und tragen zusammen, was zum Malen oder Basteln geeignet ist. Dann wird auf den Tischen alles ausgebreitet, und jeder darf mit Farben und Klebstoff, Papier und Schere ausprobieren, was er will. Am Schluß werden alle Kunstwerke ausgestellt.
Freitag = Expertentag: Nun kennen sich die Kinder aus. Oder doch noch nicht? Was wurde vergessen? Zum Beispiel die Musikinstrumente und die Turngeräte! Schnell nachschauen, wo diese Sachen sind. Wer sich auskennt, erklärt den anderen, was und wie man damit spielt.

Der
Oma-Opa-Tag
ist inzwischen Tradition geworden

Die Großeltern spielen in vielen Familien immer noch eine wichtige Rolle. Oft führt der Weg der Kinder nach dem Kindergarten zuerst zu den Großeltern, weil die Eltern noch nicht von der Arbeit zurück sind. Und dann sind es Oma und Opa, die die Erlebnisse des Tages erzählt bekommen. Deshalb ist es auch für die Erzieherin interessant, diese wichtigen Bezugspersonen der Kinder kennenzulernen. Andererseits erhalten die Großeltern bei dem Oma-Opa-Tag einen Einblick in die heutige Kindergarten-Pädagogik. Da hat sich in den letzten 40 Jahren einiges geändert, auch die Puppen, die Autos, die Spiele und Bastelsachen sehen heute anders aus. Und wie war es früher? Das können Oma und Opa selber erzählen.

Ein Gespräch mit den Großeltern

Die Kinder fragen die Großeltern, wie es früher im Kindergarten war. Vielleicht erinnert sich eine Oma an ein Gedicht oder ein Spiel?

Vielleicht weiß der Opa einen lustigen Bubenstreich zu erzählen? Wenn er dabei ein bißchen flunkert, das macht nichts. Hauptsache, die Geschichte ist schön.

Das muß die Oma sehen

Beim Oma-Opa-Tag wollen die Kinder ihren Großeltern alles zeigen, was ihnen wichtig ist, ihre Lieblingspuppe, ihr gemaltes Bild an der Wand, aber auch den Kleiderhaken mit dem Bildchen drauf, und Zahnbürste und Zahnbecher. Die Zeit dafür sollten Sie einfach einplanen, bevor Sie mit dem Tagesprogramm beginnen.

Fotowand

Die Kinder können sich kaum vorstellen, daß ihre Eltern und Großeltern auch mal Kinder waren und in einen Kindergarten gingen.
Aber alte Fotos, auf denen die Eltern und Großeltern als Kinder zu sehen sind, dokumentieren, daß das wohl so gewesen sein muß. Mit Verwunderung betrachten die Kinder die Fotos aus früheren Zeiten. Wie man damals ausgesehen hat, die Haare, die Kleider! Jetzt wollen die Kinder mehr von früher erfahren, als Oma noch ein Kindergartenkind war.

Urgroßmutter Nani erzählt von ihrer Kindergartenzeit

Eine Geschichte zum Vorlesen

Also: Willst du wissen, wie es früher im Kindergarten war? Das kann ich dir erzählen.Unser Kindergarten stand direkt neben dem Pfarrhaus. Die Tante, so nannten wir unsere Erzieherin, bewohnte im Dachgeschoß des Kindergartens eine kleine Stube. Jeden Morgen um 8 Uhr schloß sie die Tür auf. Wir Kinder warteten schon lange vor dem Eingang und stürmten nun hinein. Wir waren zusammen 50 oder 60 Kinder.
Die Tante begrüßte jedes Kind einzeln mit einem Handschlag. Wir Mädchen machten dabei einen artigen Knicks und die Buben einen tiefen Diener, wie es sich für wohlerzogene Jungen schickte.
Dann hängten wir unsere Mäntel an einen Haken im Flur und die Vesperbeutel an einen Extra-Ständer. Wir hatten Stoffbeutel oder kleine Kindergartentäschchen aus Leder. Manche Jungen hatten die tollen Blechbüchsen mit einem bunten Bild drauf. Die wurden von allen bewundert. Unsere Schnürstiefel mußten wir nicht ausziehen. Gummistiefel oder Schuhe mit Reißverschluß gab es damals noch nicht.
Der Gruppenraum hatte einen geölten Holzfußboden, da konnten wir herumtoben und springen. Das gab keine Schrammen im Holz. Wir Kinder hatten immer Schürzen umgebunden, auch die Buben. In der Schürzentasche mußte ein sauberes Taschentuch stecken. Dies wurde von der Tante überprüft. Wir schämten uns sehr, wenn es fehlte oder schmutzig war. Wir mußten auch unsere Hände vorzeigen, ob die Fingernägel sauber und nicht zu lang waren. Wenn nicht, griff die Tante selbst zur Nagelschere.
An die Spielsachen erinnere ich mich noch genau. Es gab nicht viel, doch wir Kinder kannten es nicht anders und freuten uns jeden Tag darauf: Es gab die bunten Perlen zum Auffädeln, Flechtblätter aus Buntpapier, gelochte Karten und bunte Wollfäden zum Ausnähen, Holzspielsachen wie Häuser, Tiere und Männchen. Manchmal durften wir auch mit Kreide auf Schiefertafeln malen.
Für mich war die Puppenstube das Schönste. Sie bestand aus einem kleinen Zimmer, die Stühle und der Tisch waren aus Pappe und Hölzchen gebastelt.

Ein Schatzkästlein

Wenn die Kinder ihre Großeltern besuchen, dann wollen sie ihnen auch etwas mitbringen. Oft sind diese Geschenke nur Kleinigkeiten, die den Kindern aber viel bedeuten. Das kann zum Beispiel ein Kieselstein sein oder ein glitzerndes Bonbonpapier. Für diese Geschenke bekommen die Großeltern nun eine Schatzkiste. Es ist eine kleine Pappschachtel, mit Plakafarben bunt bemalt, mit bunten Glitzersteinchen und kleinen Bildchen beklebt. Wenn das Schatzkästlein überreicht wird, sind schon ein oder zwei kleine Schätze darin verborgen.

Meine Püppchen waren steife Kerle aus Stoff. Einige hatten einen Porzellankopf. Stundenlang konnte ich mit der Puppenstube spielen.
Die Buben hatten andere Spielsachen, zum Beispiel Holzpferde mit Wagen oder Bauklötze, die sie zu einem hohen Turm aufbauten und mit lautem Krach wieder umwarfen. Wir machten auch Reigenspiele, hörten Geschichten aus der Bibel und lernten viele Lieder auswendig. Die Mittagspause dauerte zwei Stunden, und um 16 Uhr war der Kindergarten zu Ende.

Meine

Familie

und fremde Familien

Die meisten Kinder erzählen gerne, was sie am Wochenende mit ihrer Familie gemacht haben. Wer will, darf berichten, und die andern können Fragen stellen, wenn sie etwas genauer wissen wollen. So lernen die Kinder auch andere Familien kennen und hören, wie unterschiedlich das Zusammenleben in den Familien ist. Wichtig bei diesen Gesprächen ist, daß die Kinder diese Unterschiede wertfrei vermittelt bekommen und vielleicht sogar sehr interessant finden.

Du wärst die Mami

Ein beliebtes Rollenspiel der Kinder ist das Vater-Mutter-Spiel. Wie wäre es, wenn Sie ab und zu ungewöhnliche Spielimpulse geben, wie zum Beispiel: Die Familie möchte einen Spaziergang machen, aber die Kinder wollen nicht mit. Was tun? Oder die Kinder sollen aufräumen, wollen aber noch weiterspielen. Was passiert? Sie werden staunen, welche Ideen die Kinder haben, um so ein Problem zu lösen! Vielleich gibt es da auch für Sie etwas zu lernen?

Wunschtraum: Spielzimmer

Die Kinder schließen die Augen... wir gehen in Gedanken aus dem Gruppenraum... gleich gegenüber ist eine geheimnisvolle Tür... die öffnen wir... und betreten ein tolles Spielzimmer... Wie sieht es aus? Was ist zu sehen?
Während sich die Kinder ihr Traum-Zimmer ausdenken, ist schöne, sanfte Musik zu hören. Nach zwei oder drei Minuten sprechen Sie weiter: Nun gehen wir in Gedanken wieder aus dem Spielzimmer... schließen die Tür... gehen in unseren Gruppenraum... setzen uns auf den Platz... öffnen die Augen und recken und strecken uns kräftig. Wir sind wieder da!
Wer will von seinem Spielzimmer erzählen? Wer will es malen?

Was macht der Papi?

Was arbeitet der Vater oder die Mutter, während die Kinder im Kindergarten sind? Und was machen die Geschwister in dieser Zeit? Die Kinder denken an ihre Familie und überlegen und erzählen, was sie wissen.

Sprechen Sie auch das Problem der Arbeitslosigkeit an, denn das belastet die betroffenen Kinder sehr. Dabei geht es darum, daß die Kinder ihre Eltern verstehen lernen und negative Vorurteile aufgefangen und korrigiert werden.

So sieht es bei uns aus

Wer kann mit kleinen Puppenstubenmöbeln sein Wohnzimmer von zu Hause nachstellen? Wenn etwas Wichtiges fehlt, wird es einfach auf Papier gezeichnet, ausgeschnitten und an den richtigen Platz gelegt. Wer will, kann sein Wohnzimmer auch auf Papier malen oder einfach den anderen erzählen, was ihm zu Hause im Wohnzimmer gut gefällt.

Sonderprogramm: Fremde Familien – fremde Länder

Montag: Das Urlaubsziel der deutschen Familien ist für manche ausländischen Kinder das Heimatland. Wer war schon einmal in einem fremden Land? Wer kommt aus diesem fremden Land? Daraus kann sich ein interessantes Gespräch entwickeln.
Dienstag: Menschen, die in anderen Erdteilen wohnen, leben anders, sehen anders aus, kleiden sich anders, kochen und essen anders. Erzählen Sie davon.
Mittwoch: Wenn du zaubern könntest, was würdest du aus einem fremden Land herbeizaubern?
Vielleicht das Meer, oder die Berge, die Wüste, den Dschungel? Die Kinder malen ihre Gedankenzauberei.
Donnerstag: Was von den eigenen Sachen möchten die Kinder bei einer Reise in ein fremdes Land bei sich haben? Ganz bestimmt das Schmusetier! Was noch? Und warum?
Freitag: Wohin wollen wir heute reisen? Welches Land und welche Leute wollen wir kennenlernen? Alle Kinder sitzen auf ihrem „Fliegenden Teppich“, das ist ein Stück bunte Tapete, selbstbemalt. Die Kinder schließen die Augen, und Sie beschreiben die Phantasie-Reise.

Spielen und lernen

Für Kinder ist Spielen gleichzeitig ein Lernen. Was also sollen die Kinder im Kindergarten spielen und lernen? Vielleicht Lesen, Rechnen und Schreiben? Nein, weit gefehlt! Dafür ist die Schule zuständig. Aber es gibt andere Fertigkeiten und Verhaltensweisen, die die Kinder in ihrem Alltagsleben gut gebrauchen und die sie im Kindergarten spielerisch lernen können, zum Beispiel: die Farben benennen, bis zehn zählen, mit Messer, Schere und Streichholz umgehen, die Uhr, die Zeit und den Ablauf von Tagen und Wochen verstehen und sich im Straßenverkehr sicher verhalten.

Das macht Sinn und trägt dazu bei, daß die Kinder selbständig werden und sich selbstsicher in ihrer Spielwelt und in ihrer Umwelt zurechtfinden. Die Spiele in diesem Kapitel sollen die Kinder neugierig auf die Welt machen, ihr Interesse am Lernen und Wissen unterstützen und mit dem Lernangebot das eigenständige Tun fördern. Dazu brauchen die Kinder einen großen Spielraum, den Sie ihnen geben können.

Zum Kopieren und Anmalen

Bunte Farbenwelt

Ist die Murmel rot oder blau?

Ja, das ist gar nicht so einfach, denn sie ist ein bißchen rot, aber auch ein bißchen blau. Die Murmel ist lila! Und wenn Kinder sich in den Farben noch nicht so gut auskennen, ist das kein Problem. Das kann jeder lernen, und mit diesen Farbenspielen macht das Lernen obendrein großen Spaß.

Farben-Reigen

Die Kinder basteln aus Kreppapierbändern einen Umhang:
Jedes wählt eine Farbe aus und braucht etwa zehn Bänder, die etwa 50 cm lang sind.
Diese Bänder legt es über eine Schnur und klebt sie dicht nebeneinander daran fest.
Dann wird die Schnur wie ein Schal umgebunden, und die Bänder baumeln rundum.
Jetzt kann der Tanz losgehen.
Die Kinder mit den gleichfarbigen Umhängen fassen sich an den Händen und tanzen im Kreis zu lustiger Tanzmusik.

Sag mir die Farbe

Ein Kind zeigt auf einen Gegenstand und fragt: Welche Farbe ist das? Zuerst sind Sie es, die die Antwort gibt. Jedes Kind darf zwei Fragen stellen, dann ist das nächste dran. Die andern Kinder hören zu.
Später können die Kinder sich gegenseitig fragen. Und zum Schluß fragen Sie die Kinder und teilen für jede richtige Antwort einen Bauklotz aus.

Farbenkreise

Verschieden farbige Holzreifen, wie man sie in Rhythmik einsetzt, werden auf dem Boden ausgelegt. Dann suchen die Kinder nach Spielsachen in den gleichen Farbtönen und legen sie in die passenden Holzreifen, also das gelbe Puppenkleid kommt in den gelben Reifen, das rote Feuerwehrauto in den roten Reifen. Ist kein Platz mehr im Reifen, ist das Spiel zu Ende.
Und wie wird aufgeräumt? Natürlich auch mit einem Spiel. Ein Spielleiter, das sind Sie oder ein Kind, stellt an die Mitspieler Aufgaben wie diese:
Nimm ein gelbes Spielzeug und räume es auf. Hole zwei rote Spielsachen und räume sie weg. Auf diese Weise sind alle Sachen schnell zurückgebracht.

Farbenspiel

Man braucht dazu einen Zahlenwürfel, einen Farbwürfel und viele Perlen oder Muggelsteinchen in den Farben, die auf dem Farbwürfel abgebildet sind.
Mit beiden Würfeln wird gewürfelt.
Der Farbwürfel bestimmt die Farbe der Perlen und der Zahlenwürfel die Anzahl, die der Spieler nehmen darf. Sind alle Perlen verteilt, ist das Spiel aus – und kann gleich wieder beginnen. Diesmal muß man die farbigen Perlen, die man gewürfelt hat, wieder in die Mitte legen.
Wer ist zuerst fertig?

Die grüne Woche

Montag: Die Kinder schauen sich um. Was ist grün? Wer aus dem Fenster schaut, kann besonders viele grüne Dinge sehen. Grün scheint die Lieblingsfarbe der Natur zu sein!
Dienstag: Es gibt viele Grüntöne, hellgrün, dunkelgrün, blaugrün, smaragdgrün. Die Kinder suchen nach grünen Farbtönen und lernen oder erfinden neue Farbenwörter.
Mittwoch: Wer entdeckt die meisten grünen Farbtöne? Das Experiment findet mit Wasserfarben statt.
Donnerstag: Kaum zu glauben, aber heute gibt es grüne Spaghetti zu essen. Wie das? Sie wurden mit grüner Lebensmittelfarbe gefärbt, die ist völlig ungiftig.
Freitag: Bei diesen Blätter-Stempelbildern kann man echte Blätter nehmen. Sie werden mit grüner Fingerfarbe übermalt und dann auf ein Papier gedrückt.
Übrigens: Nächste Woche ist die blaue Woche!

Farbenlied

Gesungen wird nach der Melodie des Liedes „Ein Vogel wollte Hochzeit halten". Je nachdem, welche Farbenstrophe gesungen wird, tanzen die Kinder mit den entsprechenden Farbumhängen. Beim Refrain tanzen alle Kinder mit.
Erfinden Sie mit den Kindern für jede Farbe eine witzige Quatsch-Strophe.
So könnte das Lied beginnen:

Refrain:
Wir sind die Farben kunterbunt
und tanzen hier in froher Rund.
Fidirallalla...
1. Strophe:
Grün ist das Blatt, grün ist das Gras,
grün angemalt der Osterhas.
Fidirallalla...
Refrain: Wir sind die Farben
kunterbunt...

Farben-Zauberei

Auf dem Tisch liegen Wasserfarben, Pinsel und große Papierbögen. Wer mitmachen will, holt sich noch ein Wasserglas zum Auswaschen des Pinsels. Die Kinder ziehen ihre Malkittel an, dann kann es losgehen. Immer zwei Farben sollen zusammengemischt werden. Wie die kleinen Meister Kleckser dabei vorgehen, probieren sie selbst aus.

Sie können zum Beispiel den Pinsel nacheinander in zwei verschiedene Farbtöpfe tauchen, oder auf das Papier zuerst mit einer Farbe einen dicken Klecks malen und dann mit der zweiten Farbe darüberpinseln.

Und wie heißen die neu entdeckten Farbtöne? Zum Beispiel Sonnenrot, Erdenbraun oder Lila-Schwarz.

Tip:

Die besten Malkittel sind alte Herrenhemden. Sie werden verkehrt herum angezogen und hinten zugeknöpft. Dabei helfen sich die Kinder gegenseitig.

Noch mehr Ideen!

Rotes Bild und grünes Bild

Vier Poster werden an der Wand befestigt und bekommen aus Krepppapierbändern einen einfarbigen Rahmen aufgeklebt, zum Beispiel in den Farben gelb, rot, grün und blau. Die Kinder suchen in Zeitschriften nach Abbildungen in den gleichen Farben, schneiden diese aus und kleben sie auf das passende Farben-Poster, zum Beispiel wird die rote Tomate auf das Poster mit dem roten Rahmen geklebt.

Bei Bildern mit mehreren Farben, zum Beispiel eine Landschaft, können die Kinder selbst entscheiden, welcher Farbton auf diesem Bild überwiegt, das könnte beim Landschaftsbild der grüne Wald sein, also wird das Bild auf das Poster mit dem grünen Rahmen geklebt.

Zum Schluß schmücken vier farbenprächtige Poster die Wand. Und wenn die Kinder wollen, wird an einem anderen Tag ein braunes, lila und oranges Farbenposter gestaltet.

Zahlen
und Zählen

**Eins zwei drei, wer hat das Ei?
Es fiel in Dreck, und du bist weg!**

Mit einem Abzählvers lernen die Kinder das Zählen am schnellsten. Natürlich wird dabei echt abgezählt, und wer übrigbleibt, ist Zählkönig. Er darf die nächste Runde auszählen.

Wir zählen bis 5

Wieviel Finger haben wir?
Das wird genau überprüft und laut abgezählt. Dann sucht jedes Kind fünf gleiche Dinge zusammen, zum Beispiel Bauklötze, Perlen, Kieselsteine, kleine Autos. Die Gruppe überprüft die Sammlung von jedem Kind, und alle zählen laut mit.

Auto-Rennen

Auch bei diesem Spiel wird spielend das Zählen bis sechs gelernt. Den Spielplan malen die Kinder selbst. Es ist eine vielspurige Rennstrecke, mit Querstrichen in Spielfelder aufgeteilt, mit Start und Ziel.

Jeder Mitspieler hat ein kleines Spielzeugauto. Der Würfel zeigt die Geschwindigkeit an, also wieviel Felder das Auto vorrücken darf.

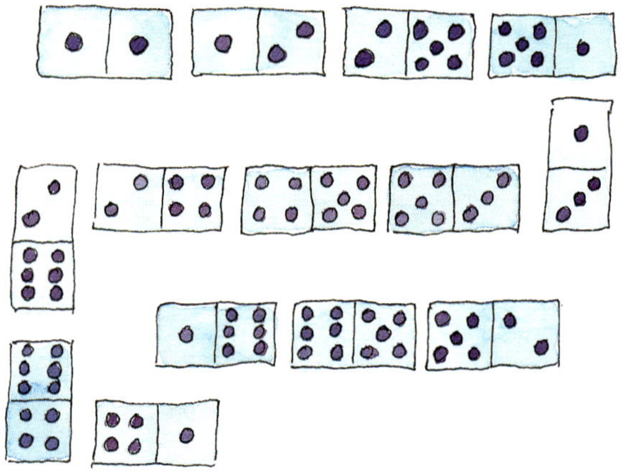

Domino

Haben Sie ein Domino-Spiel?
Dann ist es jetzt bestens geeignet, mit den Kindern das Zählen zu üben. Wenn Sie wollen, können Sie mit den Kindern auch selber ein Domino aus bunten Kartonkarten basteln.

Tip:

Jeden Tag lernen die Kinder eine weitere Zahl. Beginnen Sie am ersten Tag mit eins, zwei, drei.
Am nächsten Tag kommt vier dazu, wieder am nächsten Tag fünf usw.
So lernen auch die Kleinen spielend das Zählen. Und das brauchen sie schließlich bei ihren Spielen.

Wir zählen bis 7

Eins zwei drei vier fünf sechs sieben,
eine alte Frau kocht Rüben,
eine alte Frau kocht Speck,
und du bist weg!

Ausgezählt werden diesmal nicht nur die Kinder, sondern auch die Puppen, die Plüschtiere, die Spielzeugautos, die Kasperlfiguren. Was noch? Hauptsache, die Kinder sprechen die Zahlenreihe immer laut mit.

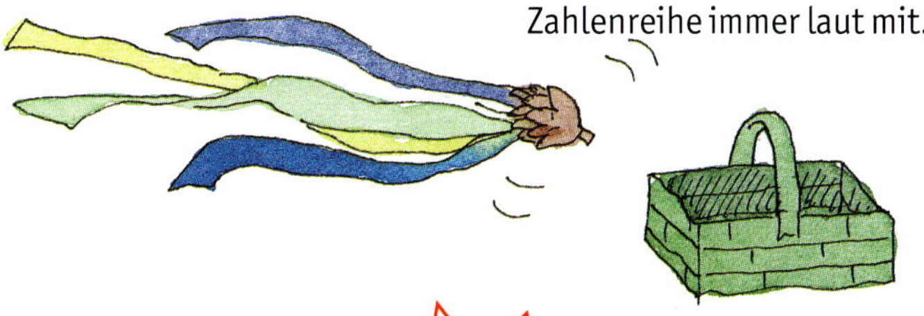

Wir zählen bis 6

Ein Würfel hat sechs Seiten mit den Zahlen eins bis sechs. Nehmen Sie einen Würfel mit Punkten, nicht mit Ziffern. Das Spiel: Ein Kind würfelt und zählt laut seine gewürfelte Punktzahl. Richtig gezählt?
Dann bekommt es einen Spielstein als Anerkennung. Haben alle Mitspieler sechs Spielsteine erhalten, ist das Spiel zu Ende – und ganz bestimmt können nun alle Mitspieler lässig bis sechs zählen.

Ziffer-Zettel

Wenn die Kinder das Zählen gelernt haben, so heißt das noch lange nicht, daß sie auch die Zahlen kennen. Also sollte das schnellstens nachgeholt werden, zum Beispiel mit diesem Spiel: Die Ziffern werden einzeln auf Zettel gemalt. Dann wird laut gezählt und die dazugehörigen Ziffer-Zettel nebeneinander auf den Tisch gelegt, so daß am Schluß die ganze Zahlenreihe zu sehen ist. Für kleine Schlauberger kann man die Zahlenreihe mischen, und das Kind muß die Zettel wieder in die richtige Reihenfolge legen.

Noch mehr Ideen!

Sonderprogramm:

Spiele zum Zählenlernen

Mit Holzperlen und Eierkartons:
Die Eierkartons bunt anmalen, zwei Fächer bekommen einen extra roten Rand. Der Spieler bekommt fünf Holzperlen und versucht, sie in die Fächer zu werfen. Die Treffer werden abgezählt, die Perlen in den roten Fächern zählen doppelt.

Mit Tannenzapfen und Körben:
Drei Körbe werden hintereinander aufgestellt. Jeder Spieler bekommt drei Tannenzapfen und wirft sie in die Körbe. Abgezählt wird so: Erster Korb 1 Punkt, zweiter Korb 2 Punkte, dritter Korb 3 Punkte. Wer schafft neun Punkte?

Mit Ball und Papierrollen:
Neun kleine Papp-Rollen werden bunt beklebt und wie ein Kegelspiel aufgestellt. Dann wird mit einem kleinen Schaumstoffball gezielt. Wieviel Rollen sind umgefallen? Das wird laut abgezählt.

Mit Papier und Bleistift:
Wieviel Fenster hat der Raum? Wieviel Türen? Wieviel große Schränke sind da? Wieviel Betten hat die Puppenecke? Wieviel Kinder sitzen am Maltisch? Wieviel Beine hat das Holzpferd? Wer so eine Frage gestellt bekommt, zieht mit Papier und Bleistift los, zählt nach und macht entsprechend viele Striche auf sein Papier. Oder kann er schon die Ziffer schreiben?

Wir zählen bis 8

Wer möchte diesmal bis acht zählen lernen? Der kann sich der Zählgruppe anschließen. Denn diese Kinderschar wandert mit Ihnen durch den Raum und zählt immer wieder acht gleiche Dinge ab, zum Beispiel die Buntstifte auf dem Tisch, die Muggelsteinchen in der Schachtel, die Bauklötze des Spielturms, die Puppenschuhe im Puppenschrank. Wie lange dauert das Spiel? Bis jedes Kind mal alleine und laut bis acht gezählt hat.

Messer, Gabel,
Scher und Licht

...sind für kleine Kinder nicht?

Oh doch!!! Kleine Kinder müssen lernen, damit umzugehen! Wenn ihnen der richtige Umgang mit solchen Dingen gezeigt wird, wenn die Kinder also erfahren und üben, wie sie sie handhaben können, wie sie vorsichtig sein und auf was sie achten müssen, dann ist die Gefahr gebannt. Und darauf kommt es an!

Mit der Schere schnipseln

Auch der richtige Umgang mit der Schere muß gelernt werden. Wie greift man die Schere richtig? Wie hält man mit der andern Hand das Papier, um ein Stück abzuschneiden? Das sollten Sie jedem Kind einzeln vormachen und nachmachen lassen. Daß man mit der Scherenspitze besser schneidet, diesen Trick sollten Sie auch verraten.

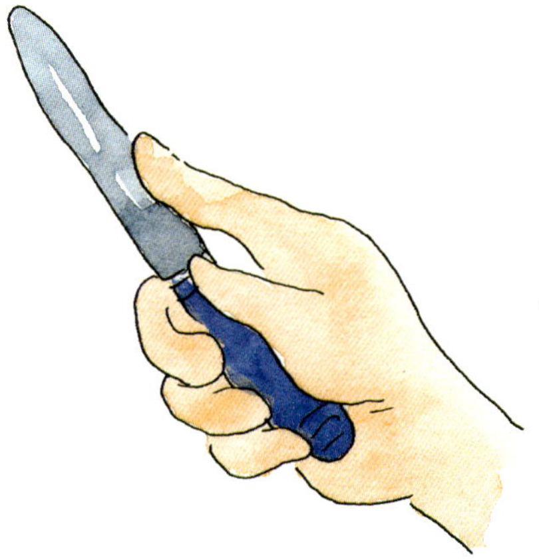

Mit der Gabel aufpieken

In einem Nudelsalat sind viele kleine Gemüse- und Nudel-Stückchen, die man prima mit der Gabel aufpieken kann. Es macht Spaß, gleich zwei oder drei Stückchen mit der Gabel aufzuspießen. Also, Löffel weg – Gabel her! Und ein bißchen länger dauert diesmal das Essen, weil nicht hastig gelöffelt, sondern vorsichtig „gegabelt" wird.

Mit dem Messer schneiden

Wie hält man ein Messer richtig? Das Messer wird am Griff festgehalten, der Zeigefinger liegt auf der oberen, stumpfen Seite der Messerklinge, so kann man das Messer gut führen.
Das zeigen Sie jedem Kind einzeln.
Und wie schneidet man mit einem Messer? Nicht nur nach unten drücken, sondern hin und her sägen. So geht es am besten! Auch das muß man jedem Kind einzeln erklären.
Mit einem kleinen Obstmesser kann jedes Kind das Schneiden üben – und heraus kommt ein prima Obstsalat, von den Kindern selbst zubereitet. Die Bananen können die Kinder in Rädchen schneiden, die vorbereiteten Apfelspalten und Orangenschnitze in kleine Stückchen teilen usw.
Und nächstes Mal helfen die Kinder beim Gemüseeintopf.

Mit dem Hammer pochen

Ein Hammer ist für Kinder eine interessante Sache. Es klopft so schön laut, wenn man damit arbeitet. Aber auch hier heißt es aufgepaßt, man muß bei der Handhabung auf einiges achten. Man kann zum Beispiel den Stil vorne und hinten festhalten. Wie geht es besser? Ausprobieren! Ein altes Brett und Nägel in allen Größen liegen dafür bereit.

Tip:

Zeigen Sie jedem Kind einzeln die Handhabung und den Umgang mit den Dingen. Machen Sie es vor, das Kind macht es nach, und Sie können zuschauen, ob es klappt. Keine Eile! Im Gegenteil, Ruhe und Konzentration sind gefragt! Das Mitmachen ist freiwillig, und neugierig zuschauen darf jeder.

Mit dem Streichholz eine Kerze anzünden

Auch hier gibt es einiges zu erklären und zu zeigen: Wie man das Streichholz vor dem Anzünden hält, wie man es anzündet, wie man die kleine Flamme vom Streichholz auf den Kerzendocht überspringen läßt, wie man das Streichholz dann ausbläst, ohne die Kerze gleich mit auszublasen. Und wie man schließlich ein Kerzenlicht löscht, ohne das flüssige Wachs auf dem ganzen Tisch zu verblasen. Zeigen Sie es wiederum jedem Kind einzeln.

Eine Woche mit viel Scheren-Schnipselei

Montag: Heute wird das Abschneiden geübt. Lange Papierstreifen liegen bereit, die Kinder schneiden sie klein. Jedes Kind klebt ein paar seiner Schnipsel auf ein Blatt Papier.
Dienstag: Als nächstes wird das Durchschneiden geübt. Die Kinder bekommen eine Postkarte, zerschneiden sie kreuz und quer in mehrere Teile, legen diese auf dem Tisch wie ein Puzzle wieder zusammen und kleben sie auf ein Blatt Papier.
Mittwoch: Heute werden Scheren-Schnitte ausprobiert, am besten mit Origamipapier. Die Kinder falten es, wie sie wollen, scheiden ein paar spitze Ecken heraus, falten das Papier wieder auseinander und kleben ihre schönsten Scherenschnitt-Deckchen auf ein Papier.
Donnerstag: Diesmal versucht jeder, einen selbstgemalten Kreis, Stern, Kieselstein oder ähnliches auszuschneiden. Die ausgeschnittenen Teile werden ebenfalls auf ein Papier geklebt.
Freitag: Heute ist die Meisterprüfung: Jedes Kind schneidet aus alten Zeitschriften bunte Bildmotive aus und klebt sie auf ein Papier. Dann werden alle Scheren-Schnitt-Papiere, die in dieser Woche entstanden sind, zusammengeheftet und dem kleinen Scheren-Schnitt-Meister feierlich überreicht. Er hat in dieser Woche etwas Wichtiges gelernt!

Post und Kaufladen

Die schönsten Kaufläden gehören der Tante Emma

Die Zeit der Postkutsche und der Tante-Emma-Läden ist längst vorbei. Und dennoch macht es den Kindern immer wieder großen Spaß, einen Kaufladen wie zu alten Zeiten aufzubauen oder das gute, alte Postspiel zu spielen.

Überraschungsbrief

Die Kinder malen gemeinsam ein schönes Bild, und Sie schreiben einen Brief dazu, den die Kinder Ihnen diktieren. An wen ist der Brief adressiert? Na klar, an die Kinder! Also, stecken Sie den Kinderbrief in einen Umschlag und schreiben die Adresse Ihres Kindergartens drauf. Dann wird eine Briefmarke aufgeklebt und die ganze Kinderschar zieht mit Ihnen los, den Brief in den nächsten Briefkasten zu stecken.

Früher und Heute

Früher wurden Briefe mit der Postkutsche an Ort und Stelle gebracht. Heute sind es Lastwagen, die die Postsäcke zuerst zu einer Sammelstelle transportieren, dort wird umgeladen... Und wie es dann weitergeht, das kann der Postbeamte beim nächsten Postbesuch den Kindern ganz genau erklären. So ein Ausflug ist für die Kinder ein großes Erlebnis und eine bleibende Erinnerung.

Das große Postspiel

Postschalter: Er wird mit Stühlen und Tischen aufgebaut.
Briefmarken: Sie sind selbstgemalt und mit einer Zickzack-Schere ausgeschnitten.
Briefumschläge: Sie werden aus Papier gefaltet.
Poststempel: Das ist ein Kork, das Stempelkissen ein Klecks Fingerfarbe auf einem Teller.
Spiel: Jedes Kind schreibt so viele Briefe, wie es will. Schreiben heißt malen oder kritzeln. Die Briefe werden in Umschläge gesteckt und bekommen eine Kritzel-Adresse. Dann wird der Brief am Postschalter abgegeben, vorher muß dort eine Briefmarke mit Spielgeld gekauft werden. Ein Postmann oder eine Postfrau sitzt hinter dem Schalter. Ein Postbote verteilt alle Briefe, einfach so, wie es ihm gefällt. Vielleicht basteln die Kinder noch aus Pappschachteln kleine Briefkästen? Das Spiel kann lange dauern und viele Tage gespielt werden, wie die Kinder Lust haben.

Der Briefträger

Das Hallo ist groß, wenn der eigene Brief im Kindergarten wieder ankommt. Ob der Briefträger kurz Zeit hat, den Kindern persönlich den Brief zu überreichen? Ein Zettel am Briefkasten könnte ihn dazu auffordern. Als Dankeschön bekommt er von den Kindern ein Geschenk:

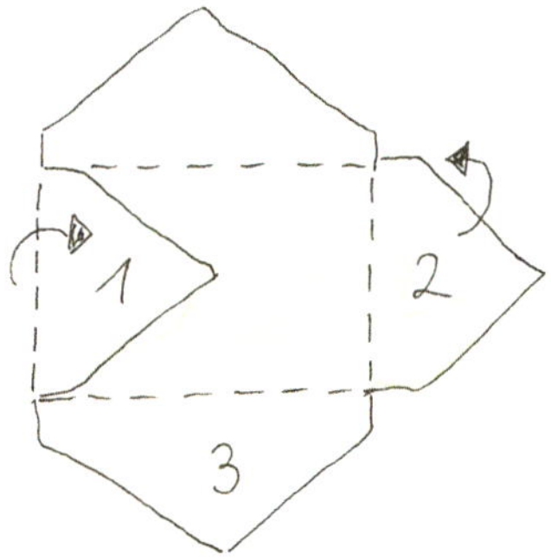

Sie malen den Briefträger, wie er mit dem Brief in der Hand vor ihnen steht. Wie lange ist der Briefträger unterwegs? Wie schwer ist seine Brieftasche? Hat er Angst vor den Hunden? Das sind Kinderfragen, die er vielleicht noch beantworten kann, bevor er weiterzieht.

Ja, ja, die Werbe-Tricks

Kasperle erzählt von seiner lieben Not beim Einkaufen: Da liegen alle leckeren Süßigkeiten in den unteren Regalen, zum Greifen nahe, sind leuchtend bunt und riechen so aufdringlich, daß man nicht widerstehen kann.

Doch die Großmutter meint, daß das Absicht ist, damit auch die Kinder beim Einkaufen die Süßigkeiten gut sehen und gleich haben wollen.

Wir kaufen ein

Ist in der Nähe des Kindergartens ein Lebensmittelgeschäft? Das wäre prima, denn dann könnten die Kinder selber die Sachen für die Pausenbrote einkaufen. Jeden Tag darf eine andere kleine Kindergruppe losziehen. Die Kinder überlegen zuerst, was sie einkaufen wollen, jedes Kind muß etwas besorgen und dies auch auf seinen Einkaufszettel malen.

Dann geht es zum Einkaufen. Weiß jedes Kind noch, was es einkaufen sollte? Das sagt es selbst dem Verkäufer oder holt es aus den Regalen. Sie haben auch einen Einkaufszettel geschrieben und können überprüfen, ob an alles gedacht wurde.

Noch mehr Ideen!

Das große Kaufladenspiel

Regale: Aus Pappschachteln und Obstkisten werden die Regale gebaut, mit Plakafarbe bunt angestrichen oder mit Stoffen und Buntpapier hübsch verziert und beklebt.
Nahrungsmittel: Leere Verpackungen von Haferflocken, Kakao, Mehl, Zucker, Kaffee, Käse, Keksschachteln usw. werden mit Papierknäuel oder Holzwolle wieder vollgestopft und zugeklebt. Leere Flaschen werden mit Wasser, Glasbehälter mit Schraubverschluß mit Sand gefüllt.
Obst und Gemüse: Aus einem dicken Papierknäuel wird zuerst die Grundform des Obstes und Gemüses zurechtgedrückt, dann mit eingekleistertem Papier bezogen und mit Wasserfarben angemalt.
Geld: Münzen sind dünne Korkscheiben, Geldscheine sind auf Papier gemalt und ausgeschnitten.
Preise: Die Lebensmittel werden mit Preis-Schildchen versehen und kosten einfach eine, zwei oder drei Mark.
Basteln: Schon die Vorbereitungen machen den Kindern großen Spaß und können über Tage dauern.
Spiel: Wer ist Verkäufer, wer kauft ein? Ist der Laden ausverkauft, wird alles wieder eingesammelt und im Kaufladen neu aufgestellt.

Minute, Stunde Tag und Jahr

Kinder, wie die Zeit vergeht

Ja, wie vergeht sie denn, die Zeit? Spannende Erlebnisse machen aus einer Stunde eine kurze Zeit. Doch eine Stunde zu warten, das dauert ewig lange. So gibt es die kurzweilige und die langweilige Zeit. Das kennen die Kinder. Und jetzt werden sie mehr über die Maßeinheit und Einteilung der Zeit erfahren.

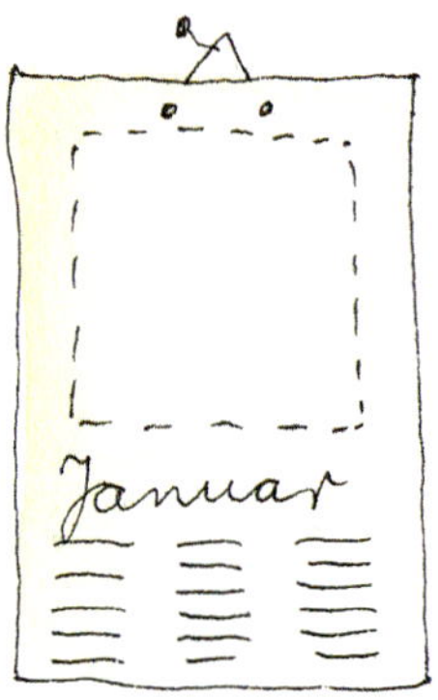

Kurze und lange Minuten

Die Kinder bekommen eine Minute lang eine lustige Kurzgeschichte oder ein Gedicht vorgelesen. Ein Küchenwecker gibt die Zeit vor. Dann müssen die Kinder die gleiche Zeit stillsitzen und dürfen auch nicht miteinander reden. Der Küchenwecker erlöst die wartende Kinderschar. So unterschiedlich kann die Zeit erlebt werden!

Um wieviel Uhr?

Zuerst erzählen die Kinder, was ihre Lieblingsbeschäftigung am Tage ist. Dann malen sie ein kleines Bild davon, und dann wird überlegt, zu welcher Zeit die Kinder dieser Lieblingsbeschäftigung nachgehen. Auf der großen, selbstgebastelten Uhr werden die Bilder zur entsprechenden Uhrzeit gelegt oder festgeklemmt.

Ein andermal kann man mit den Kindern die Abfolge eines normalen Alltags durchsprechen: Aufstehen, Waschen, Frühstücken usw. Gleichzeitig wird der Zeiger der großen Basteluhr auf die entsprechende Zeit eingestellt. Einfache Fragen helfen beim Lernen: Um welche Zeit gibt es Mittagessen? Wann beginnt der Kindergarten am frühen Morgen?

Eine Minute lang

Nach dieser Erfahrung probieren die Kinder aus, ob sie die Zeit von einer Minute schätzen können. Zuerst stehen alle, und wer meint, die Minute sei um, der setzt sich hin. Erst am Schluß verraten Sie, wer die Zeit richtig eingeschätzt hat.

Die Stunden der Uhr

Ein Tag hat genau 24 Stunden. Auf der Uhr sind jedoch nur 12 Stunden angezeigt. Können die Kinder schon bis 12 oder 24 zählen? Kennen sie die Ziffern? Wenn nicht, müssen sie das zuerst lernen. Eine große, selbstgebastelte Spieluhr mit beweglichen Zeigern macht das Lernen leichter.

Eine Wanduhr basteln

Es gibt so viele verschiedene Uhren, zum Beispiel Wecker, Standuhren, Armbanduhren, Eieruhren, Kuckucksuhren, Turmuhren.

Hier ein Bastelvorschlag für eine kleine Wanduhr:
Für das Uhrengehäuse braucht man eine kleine Käseschachtel. Als Zifferblatt beklebt und beschriftet man einen Bierdeckel. Die Zeiger werden aus Kartonpapier extra ausgeschnitten und mit einer Postklammer auf das Zifferblatt geklemmt.
Als Gewichte nimmt man zwei Tannen – oder Kiefernzapfen. Dann bohrt man zwei Löcher durch die Käseschachtel, im Abstand von ca. 4 cm, zieht eine Schnur durch und bindet an den beiden Enden der Schnur die Zapfen fest. Jetzt kann das Zifferblatt aufgeklebt und auf der Rückseite der Uhr ein Aufhänger befestigt werden.

Wochenprogramm: Ein ganzes langes Jahr

Montag: Ein Jahr hat vier Jahreszeiten. Jedes Kind teilt sein Malblatt in vier gleichgroße Teile auf und malt für jede Jahreszeit ein typisches Bild.

Dienstag: Ein Jahr hat auch zwölf Monate. Zwölf Malblätter werden auf den Tischen verteilt. Was ist typisch für den einzelnen Monat? Jedes Kind malt an seinem Geburtstags-Monat mit.

Mittwoch: Ein Jahr hat auch noch 52 Wochen. Genau so viele Malblätter liegen aus. Wer will, nimmt sich eines und malt ein schönes Bild, eben was ihm gerade so einfällt, wenn er an das lange Jahr denkt.

Donnerstag: Sind alle Blätter bemalt? Dann wird quer durch den Raum eine Wäscheleine aufgespannt und alle 52 Bilder mit Klammer daran befestigt. So viele Wochen hat das Jahr.

Freitag: Jetzt kann ein Kalender daraus gebastelt werden, ein immerwährender Geburtstags-Kalender. Die Kinder entscheiden, welche Bilder zu welchem Monat passen. Dazwischen werden die Monatsbilder einsortiert.

Der Tagesablauf

Morgen, Mittag, Nachmittag, Abend, Nacht, so heißt die Zeiteinteilung des Tages.
Und was machen die Kinder in dieser Zeit? Das können sie selbst berichten.

Verkehrs-Erziehung

Kleine Träumer werden aufmerksame Straßenpassanten

Die Verkehrserziehung der Kinder beginnt bei den Eltern, denn es ist das vorbildliche oder leichtsinnige Verhalten der Eltern, das die Kinder im Straßenverkehr nachahmen. Also, laden Sie zum Elternabend ein. Dieser kann lustig und unterhaltsam werden, und keinesfalls belehrend! Danach werden wichtige Fragen diskutiert, zum Beispiel was man den Kindern erklären und zeigen muß, damit sie sich aufmerksam und sicher auf den Gehwegen verhalten.

Ampelspiel

Bei diesem Spiel werden die Kinder die beiden Farben schnell unterscheiden lernen. Auf dem Boden ist mit zwei Strichen eine breite Straße markiert. Ein Kind spielt die Ampel mit einer roten und grünen Pappscheibe. Hält es die grüne Farbscheibe hoch, dürfen alle Kinder über die Straße rennen, hin und her. Ist die rote Scheibe zu sehen, müssen alle am Straßenrand stehenbleiben.

Rennfahrer

Ja, Rennfahrer sein und mit dem Dreirad, Roller oder Fahrrad loszudüsen, das macht den Kindern Spaß. Doch Rennfahrer müssen auch schnell bremsen und geschickt um Hindernisse kurven können. Das wird geübt, beim Rennfahrer-Nachmittag im Kindergarten.

Die Kinder bringen ihre Roller oder Räder mit und helfen auch beim Aufbau der Rennbahn mit Hindernissen aus Kartons, Bällen und anderen Dingen. Wer kann diesen Hindernissen schnell ausweichen? Wer beherrscht eine Vollbremsung? Diese Geschicklichkeit wird jetzt geübt!

Eine lustige Busfahrt

Ein Kind ist der Fahrer, die Fahrgäste stellen sich in einer Reihe hinter ihm auf, die Hände auf den Schultern des Vordermannes. Mit Musik geht die Fahrt los. Stoppt die Musik, stoppt auch der Bus. Einige Kinder steigen aus, andere kommen dazu. Die Musik wird wieder eingeschaltet, die Fahrt geht weiter.

Ein Woche lang Verkehrserziehung

Montag: Die Kinder erzählen von ihrem Weg in den Kindergarten, egal ob zu Fuß, per Rad oder mit dem Auto. Was fällt ihnen dabei auf? Was gibt es zu sehen?
Dienstag: Jeweils mit einer kleinen Kindergruppe wird ein Rundgang um den Kindergarten gemacht. Gibt es eine Ampel, eine Kreuzung, einen Zebrastreifen? Wo muß man aufpassen?
Mittwoch: Das Straßenbild rund um den Kindergarten wird mit Spielsachen auf dem Tisch nachgestellt, da gibt es dann Bauklotz-Häuser, kleine Bäume, Zäune und Autos, die Straße wird mit Kreide aufgemalt. Nun sucht sich jedes Kind eine Spielfigur, wandert vom Tischrand aus in das Kindergarten-Haus und zeigt den andern, auf was es achtet.
Donnerstag: Kinder dürfen mit ihrem Dreirad oder Rad nur auf den Gehwegen fahren! Das wird den Kindern heute eindringlich vermittelt!
Freitag: Die Kinder erzählen selber, was sie als Fußgänger oder Dreiradfahrer beachten müssen. Jedes Kind muß etwas berichten. Als Belohnung gibt es die Ampelbrote, (siehe unten).

Straßenszenen

Bei diesem Spiel werden mit den Kindern unvorhergesehene Situationen im Straßenverkehr geübt.
Auf dem Tisch wird mit Spielsachen wieder eine Straße aufgebaut, mit Häusern und Bäumen, ein Zebrastreifen ist mit Kreide aufgemalt.
Dann beginnt ein reges Leben: Autos und Lastwagen fahren, ein Hund rennt über die Straße. Kann der Autofahrer noch bremsen? Ein Ball rollt über die Straße. Ein Auto parkt am Straßenrand vor dem Zebrastreifen, ein Kind will über die Straße gehen. Ein Radfahrer verliert seine Tasche...
Die Kinder spielen und besprechen, was alles passieren könnte und wie man sich dann richtig verhält.
Ein ernstes Spiel!

Ein wichtiger Elternabend

Zu Beginn gibt es „Ampelbrote“, belegt mit je einer Scheibe Tomate, Gelbwurst und Gurke, dazu einen „Autofahrer-Punsch“, das ist Tee mit ausgepreßtem Fruchtsaft.
Die Eltern werden in kleinen Gruppen zu Tisch gebeten, um miteinander die Fragen zu diskutieren: Wie ist die Verkehrssituation rund um den Kindergarten? Muß etwas geändert werden, welche Initiativen sind möglich? Die Ergebnisse werden vorgetragen und Beschlüsse gefaßt.

Und wie gut kennen sich die Eltern im Straßenverkehr aus? Bei diesem Ratespiel können sie es beweisen.
Es sind Fragen aus der Führerscheinprüfung zum Thema „Kinder im Straßenverkehr“. Die Fragen werden vorgelesen, die Alternativ-Antworten per Handzeichen abgefragt und richtige Antworten mit einer Spielmarke belohnt. Wer zum Schluß die meisten hat, bekommt feierlich einen gebastelten „Sicherheitsorden“ überreicht.

Von Pflanzen und Tieren

Die Verbundenheit der Kinder mit der Natur ist groß. Sie lieben die Tiere, streicheln gerne Katzen, balgen sich mit Hunden, beobachten neugierig die kleine Ameise, lassen den Marienkäfer an ihrem Finger hochkrabbeln, tragen den Regenwurm über die Straße und würden am liebsten auf einem Bauernhof mit vielen Tieren leben. Die Kinder lieben auch die Pflanzen, staunen über hohe Bäume, purzeln und kugeln über Wiesen, spielen begeistert mit Pusteblumen, lassen Wurzelgeister lebendig werden, schnuppern den erdigen Waldboden, verstecken sich unter Hecken, naschen Himbeeren, basteln mit Kastanien und würden am liebsten jeden Tag in einem großen Garten spielen.

Den Kindern macht es Spaß, immer wieder etwas Neues in der Natur zu entdecken. Begeistert bestaunen sie das vielfältige Leben in der Natur.
Diese Natur-Freude der Kinder gilt es zu wahren. Und so beginnt das Naturschutz-Verhalten bereits im Kindergarten. Zusammen mit Ihnen lernen die Kinder, den großen und kleinen Wundern der Natur mit Aufmerksamkeit, Staunen und Respekt zu begegnen.

Zum Kopieren und Anmalen

Auf der Wiese

Endlich ist der Frühling da!

Woran ist das zu erkennen? Die Kinder gehen hinaus in den Garten und schauen, hören, riechen und fühlen den Frühling. Das Gras auf der Wiese beginnt zu wachsen, das kann man sehen, das Grasgrün ist ganz hell. Die kleinen Gräslein sind zart und weich, das kann man spüren, wenn man mit der Hand darüberstreicht. Wer den Frühling riechen will, der braucht nur seine Nase zwischen das Wiesengras zu stecken, das riecht wunderbar frisch und erdig würzig. Und wer leise ist, der hört das Summen der Bienen, das Sirren der Mücken und das Brummen der dicken Hummeln.

Löwenzahn-Wiese

Löwenzahnwiesen sind wunderschön! Sie leuchten in prächtigem Gelb, und die einzelnen Blüten sehen wie kleine Sonnen aus! Wie schade, daß in vielen Gärten die Löwenzahnpflanze als Unkraut herausgerissen wird. Lassen Sie wenigstens in einer Gartenecke im Kindergarten ein paar Löwenzahn-Blumen wachsen und gedeihen, zur Freude der Kinder.

Eine Wiese am Fenster

Was? Draußen ist es immer noch grau und regnerisch? Bevor diese Regenwetter-Stimmung auf die Kinder übergeht, werden schnell die Fensterscheiben bunt angemalt.
Alle malen mit. Jeder sucht sich eine Malfläche am Fensterglas aus.
Und wer später zum Fenster schaut, der wird dort bunte Wiesenblumen, Gräser, Schmetterlinge, Käfer, weiße Wölkchen und eine dicke, gelbe Sonne sehen. Da kommt bestimmt gute Laune auf!

Blumenmusik

Bei Vollmond um Mitternacht, ja, da beginnen die Wiesenblumen zu musizieren. Die Musik klingt zart und fein. Dann kommen die Elfen und tanzen über der Wiese, und die Zwerge kriechen aus ihren Wurzelhäuschen und schauen zu. Erzählen Sie so eine Phantasiegeschichte den Kindern.

Dann wählt jedes Kind ein Instrument aus und versucht, mit leisen Klängen und zarten Rhythmen die Musik einer Wiesenblume zu spielen, eben so, wie es sich diese Musik vorstellt. Jedes Kind spielt einzeln etwas vor, die andern lauschen.

Ein Riesen-Wiesen-Gemälde

Wenn alle Kinder mitmachen, dann kann an der Wand ein tolles, riesengroßes Wiesenbild entstehen. Bereiten Sie das Kunstwerk vor und befestigen ein großes Plakat an der Wand, und zwar so tief, daß die Kinder auch am oberen Rand malen können.

Dann werden die Aufgaben verteilt:
Wer malt blaue Blumen, wer die gelben, roten, orangen, lila Blumen?
Wer malt Gräser, die kurzen, die langen, die dicken, die zarten?
Wer malt Käfer, Maikäfer, Marienkäfer?
Wer malt Schmetterlinge, Zitronenfalter, Kleiner Fuchs, Pfauenauge?
Wer malt Schnecken, mit braunen oder schwarzen oder gelben Schneckenhäuschen?
Jedes Kind wählt etwas aus.

Wiesenblumen-Phantasie-Spiel

1. Jedes Kind ist ein kleines Blumen-Pflänzchen und sitzt eng zusammengekauert auf dem Boden. Dazu spielen Sie leise eine frei erfundene Melodie auf dem Glockenspiel.
2. Die Blume beginnt zu wachsen, das Kind streckt langsam seine Arme in die Höhe. Das Glockenspiel wird lauter.
3. Die Blume wird immer größer, das Kind steht auf und streckt sich ganz weit nach oben. Die Glockenspiel-Melodie wird immer schneller und lauter.
4. Die Blütenblätter öffnen sich, das Kind breitet seine Arme aus. Nun spielen Sie auf dem Glockenspiel mit zwei Schlegeln Doppeltöne.
4. Ein leichter Sommerwind wiegt die Blumen hin und her, das Kind bewegt sich ebenso. Sie lassen den Schlegel über alle Klangstäbe des Glockenspiels auf- und abgleiten.
5. In der Mittagssonne ist es ganz still, auch die Kinder stehen still, und das Glockenspiel verstummt.

Ein Garten im Kindergarten

Kinder-Garten diesmal wörtlich genommen

Die Kinder selber sind es, die im Garten des Kindergartens einen kleinen Garten anlegen. Gehen Sie mit den Kindern nach draußen und schauen nach, wo im Garten ein Beet angepflanzt werden kann. Sicher gibt es eine Ecke, die zum Spielen, Rennen und Toben nicht benützt und nicht gebraucht wird. Mit Pflöcken wird das Gartenbeet abgesteckt.

Ein Pflanzen-Zelt

Man braucht dazu lange Holzstangen, zum Beispiel Bohnenstangen. Aber auch lange Äste sind als Zeltstangen geeignet. Diese werden aufgestellt, in den Boden gerammt und die Spitzen zusammengebunden. Dann sucht man schnellwachsende Kletterpflanzen aus, zum Beispiel Bohnen, Knöterich oder Hopfen. Neben jede Stange wird ein Steckling in den Boden gepflanzt, mit humusreicher Erde versorgt, angebunden und gut gegossen.

Jetzt wird natürlich ein Richtfest gefeiert, mit bunten Fähnchen, Saft und Kuchen und einem Reigentanz um das neue Pflanzenzelt. Dann heißt es warten. Denn Pflanzen brauchen ihre Zeit. Aber ganz bestimmt wird im Sommer das Zelt mit Blättern umrankt sein.

Eine Gärtner-Woche

Montag: Die Kinder überlegen, wie sie das neue Gartenbeet anlegen könnten. Weil jedes eine andere tolle Idee hat, malt es diese mit Buntstiften auf ein Blatt Papier.

Dienstag: Heute erzählen Sie, an was man bei einer Bepflanzung alles denken muß: Ist der Platz sonnig oder schattig? Ist die Erde lehmig oder sandig? Gibt es ausreichend Humus? Das alles prüfen die Kinder vor Ort nach.

Mittwoch: Gemeinsam entscheiden die Kinder, welche Pflanzen und welches Gemüse sie im kleinen Garten gerne anpflanzen möchten.

Donnerstag: Ein Besuch beim Gärtner ist angemeldet. Er berät die Kinder und gibt Ratschläge, welche Pflanzen für das angelegte Beet am besten geeignet sind. Dann wird eingekauft, und jedes Kind darf ein Pflänzchen tragen.

Freitag: Es ist soweit, der kleine Garten wird bepflanzt. Alle helfen mit, jedes Kind bekommt eine wichtige Aufgabe. Wer gerade nichts zu tun hat, wird den andern interessiert zuschauen.

Pflanzen haben Riesenkräfte

Das zeigt dieses Experiment: In einem Plastikbecher etwas Gips anrühren. Die Hälfte in eine flache Käseschachtel füllen, ein paar Bohnen in den Gipsbrei drücken und den andern Teil des Gipsbreis darübergießen. Den Gips hart werden lassen, aus der Schachtel nehmen und in eine Schüssel mit Wasser legen. Spätestens nach einem Tag ist der harte Gips gesprengt worden. Von wem? Von den kleinen, zarten Keimlingen der Bohnenpflanze. Kaum zu glauben, aber wahr!

Überraschungs-Wiese

Ist vom letzten Winter noch etwas Vogelfutter übriggeblieben? Dann können die Kinder in einem Balkonkasten oder einer Gartenecke die Körner und Samen aussäen, etwas Erde darüber verteilen und gut gießen. Nach zwei bis drei Wochen schauen die ersten Blättchen hervor, und bald wächst eine kleine Wiese heran. Lassen auch Sie sich überraschen, was da alles wächst.

Wie Pflanzen wachsen

Das können die Kinder bei Kresse-Samen gut beobachten, denn die brauchen zum Wachsen und Gedeihen nur wenige Tage, und schon kann man ernten. Die Samen muß man zuerst ein paar Stunden in Wasser einweichen, bis eine glitschige Schicht die Samenkörner umhüllt. Diese verteilt man nun auf ein mit Wasser getränktes Küchentuch, das auf einem Teller liegt. Jetzt heißt es täglich gießen.
Schon bald sehen die Kinder, wie ein Keimling aus dem Samen hervorsprießt und größer wird, wie sich erste Blättchen bilden und wie sich die Wurzeln ausstrecken, um im Boden Halt zu finden.

Stecklinge selber ziehen

Man kann zum Beispiel eine Triebspitze von einem Efeu abschneiden und in ein Wasserglas stellen oder ein Blatt von einem Usambara-Veilchen in die Erde stecken, schon bilden sich Wurzeln, und ein neues Pflänzchen wächst heran. Über diese Wunder der Natur kann man immer wieder staunen.

Pflanzen-Tips:

Folgende Pflanzen sind anspruchslos und eignen sich deshalb gut für den Kinder-Garten:
Blumen: Sonnenblumen, Löwenmäulchen, Stiefmütterchen, Tausendschönchen.
Stauden: Pfingstrosen, Dahlien.
Kräuter und Gemüse: Tomaten, Radieschen, Schnittlauch, Pfefferminze.

Schätze der Natur

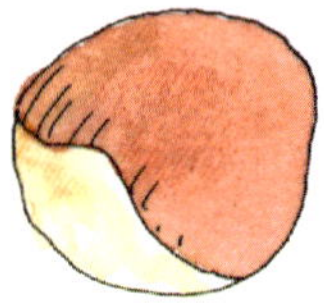

Aus Naturmaterial können Kinder die schönsten Spielsachen basteln

Die warme Sonne lockt, der tiefblaue Himmel schmeichelt, und der sanfte Wind wartet schon auf die Kinder, um ihnen über die Haare streichen zu können. Was für ein schöner Herbsttag ist das heute! Da heißt es, nichts wie hinaus. Die Kinder nehmen Taschen und Körbe mit, um bei diesem Herbstspaziergang einzusammeln, was ihnen die Natur zeigen und schenken möchte.

Eine ganz besondere Ausstellung

Der Setzkasten ist prima geeignet für die Sonderausstellung der Naturschätze. In jedes Fach wird etwas gelegt, aufgestellt oder sonstwie hübsch angeordnet. Es soll ja schließlich eine Ausstellung sein.
Wer will durch die Ausstellung führen? Es gibt viel zu bestaunen: Wie unterschiedlich und interessant die Formen aussehen, wie herrlich alles riecht, wie jedes Ding einen Namen hat.Daraus entsteht ein Ratespiel: Wo sind die Bucheckern? Wo die Kletten? Weißt du, wie das hier heißt?

Das alles kann man im Herbst sammeln:

Kiefernzapfen-Zwerge

Die Kiefernzapfen sind der Zwergenkörper, die Kastanie der Kopf, die Zwergenmütze wird aus Buntpapier oder Filz gebastelt, alles wird festgeklebt. Die Augenpunkte sind aus Filz, die Nase ist eine kleine Perle, der Bart wird aus Moos oder Flechten zurechtgezupft, und die Füße sind Ahornsamen.
Und wo wohnen diese kleinen Zwerge? Draußen im Garten, unter dem großen Busch.

Großer Basteltag

Alle gesammelten Naturschätze liegen auf dem Tisch ausgebreitet. Daraus werden Männchen, Tiere, Schiffe, Häuschen, Gnome, Feen, Saurier und Drachen gebastelt. Anschließend bauen die Kinder im Sandkasten draußen eine große Phantasie-Landschaft, dort erleben die Naturwesen einen aufregenden Spieltag.

Noch mehr Ideen!

Extra-Ideen für Natur-Spielzeug

Kletten-Wurfspiel: Kletten sind Früchte der Nelkenwurz. Mit ihren kleinen Widerhaken haften sie überall. Deshalb sind sie für dieses Wurfspiel ideal. Die Unterseite einer Obstkiste wird außen mit Stoff bezogen. Darauf wird mit dickem Filzstift eine Zielscheibe gemalt. Jeder Spieler hat drei Kletten zum Werfen. Wer trifft auf die Scheibe?
Kastanien-Klimperbüchse: Eine Blechbüchse ist als Wurfbehälter prima zu gebrauchen. Da klappert es laut, wenn die Kastanie hineinfällt. Man kann auch zwei oder drei Büchsen hintereinanderstellen.
Hagebutten-Schweine-Rennen: Eine Hagebutte bekommt vier kurze Streichholzfüßchen eingesteckt, und schon kann sie als Schweinchen losrennen. Die Rennstrecke wird mit Kreide auf den Boden gemalt, mit einem Stab in den Erdboden geritzt oder mit Bleistift auf Papier gezeichnet. Die Spieler würfeln.
Blätter-Raschelmusik: Die Blätter liegen aufgehäuft in der Mitte. Alle Kinder rascheln mit den Händen im Laub. Hört, dieses Raschelgeräusch könnte ein Igel sein, und das hört sich an wie eine Maus, die durch den Blätterberg krabbelt, jetzt kriecht eine Schnecke darüber, und jetzt schleicht eine Katze heran. Die Kinder erfinden zu ihren Blättergeräuschen kurze Geschichten.

Blätter-Tiere

Die schönsten Blätter werden zwischen Zeitungspapier gelegt und ein paar Tage gepreßt. Das machen die Kinder selber. Dann werden alle Blätter ausgelegt, jedes Kind nimmt eines und klebt es auf einen farbigen Bogen Tonpapier. Was wird daraus? Vielleicht ein stacheliger Blatt-Igel, eine kleine Blatt-Maus oder ein Blatt-Löwe? Jedes Kind betrachtet lange sein aufgeklebtes Blatt – und plötzlich wird es erkennen, in welches Tier das Blatt verzaubert werden möchte. Mit dicken Filztiften und einfachen Linien und Strichen wird das Blatt in ein Tier verwandelt.

Ein Mandala legen

Die Naturschätze sind ausgebreitet. Die Kinder sitzen im Kreis. In der Mitte liegt eine Blüte, das ist der Anfang und Mittelpunkt des Legebildes. Der Reihe nach holt nun jedes Kind ein paar Naturmaterialien und legt diese rund um die Blüte, so wird das Legebild immer größer und schöner.
Bei leiser Musik im Hintergrund fällt es den Kindern leichter, still sitzen zu bleiben, zu schauen und zu warten, bis sie wieder an der Reihe sind. Dieses Spiel kann fünf bis zehn Minuten dauern.

Katz und Maus und andere Tiere

Tiere sind für Kinder die liebsten Freunde, und von Tieren können sie nie genug erzählt bekommen. Und während die jüngeren Kinder sich mit den Tieren in der Geschichte identifizieren, mit ihnen lachen und weinen, sich freuen und ängstigen, wollen die älteren Kinder lieber Tiere spielen, mit kleinen Figuren, mit Masken, mit Ratespielen.

Katz und Maus

Dies ist ein Kinderspiel aus Urgroßmutters Kinderzeit. Zwei Kinder halten sich an den Händen und spielen das Mauseloch, in dessen Mitte ein Kind sitzen kann. Nun gibt es viele Mauselöcher, in jedem sitzt und wartet eine Maus. Aber ein oder zwei Mäuse haben kein Mauseloch-Versteck. Sie rennen umher und necken das Katzen-Kind, das hinter ihnen her ist.

Wenn eine Katze eine Maus erwischt, werden die Rollen getauscht.
Eine Maus kann sich aber in Sicherheit bringen, wenn sie in ein Mauseloch schlüpft. Dann muß die Maus, die drinnen sitzt, schnell herausrennen. Und weiter geht das Fangspiel.

Miezekatzen-Malspiel

Punkt, Punkt, Komma, Strich,

fertig ist das Mondgesicht.

Noch zwei spitze Ohren,
so wird sie geboren.

Ritze, ratze, ritze, ratze,
fertig ist die Miezekatze.

Katzen- und Mäuse-Masken

Das können die Kinder selber basteln: Das runde Pappteller-Gesicht bekommt Tonpapier-Ohren, die ausgeschnitten und mit dem Hefter festgetackert sind. Die Bast-Barthaare und die Seidenpapierknäuel-Nase sind angeklebt, die Augen und die Schnauze werden aufgemalt. Wollen die Kinder ein Maskenspiel oder einen Maskentanz aufführen? Dann halten sie einfach diese Tellermaske vors Gesicht. Das sieht toll aus!

Bären-Pantomime-Spiel

Die Bären sind los! Sie treffen sich alle im Bärenwald, tapsen breitbeinig schwankend von einem Bein auf das andere, brummen freundlich, schlecken Bienenhonig, tanzen ihren schwerfälligen Bärentanz, klatschen in ihre Pfoten...
Was machen sie noch alles? Wer eine Idee hat, sagt es laut, spielt es vor, die anderen Bärenkinder schauen zu und ahmen es nach.

Eine unendliche Bärengeschichte

Es war einmal ein kleiner Bär, der saß friedlich vor seiner Bärenhöhle und ließ seinen Pelz von der Sonne wärmen. Da kam ein Hase dahergehoppelt. Dieser hat noch nie einen Bären gesehen. Er bleibt neugierig stehen, schaut den Bären an und wundert sich sehr, daß dieser keine so großen, langen Ohren hat wie er... So könnte die Bärengeschichte beginnen. Wie geht es jetzt weiter? Bei diesem Spiel, das Geschichten-Erfinden heißt, können die Kinder prima mitmachen.

Und jeden Tag wird der Bär einem anderen Tier begegnen und neue Aufregungen erleben. Wie lange? Nun, bis den Kindern wirklich nichts mehr einfällt.

Tip

Schreiben Sie jede Fortsetzung der Geschichte in ein Tagebuch. Die Kinder können Bilder dazu malen. Und wenn das Buch vollgeschrieben ist, ist auch die Geschichte zu Ende. Wetten, daß dies das Lieblingsbuch der Kinder wird!

Noch mehr Ideen!

Bienen summen – Bären brummen und lustige Ratespiele dazu

Tiersprachen: Die Frösche quaken, die Vögel zwitschern, die Elefanten trompeten, die Grillen zirpen, die Mäuse piepsen, die Hunde bellen. Was noch?
Tierlaute: Was für ein Tier macht so? Jetzt miauen, bellen, grunzen oder gackern Sie, und die Kinder raten, welches Tier nachgeahmt wird.
Ratespiel: Auf dem Tisch liegen verdeckt die Bild-Karten eines Tierlottospiels. Die Karten können die Kinder auch malen und basteln. Ein Spieler nimmt ein Kärtchen, schaut es heimlich an und ahmt die Laute des Tieres nach. Die Mitspieler hören zu. Welches Tier ist es? Wer es errät, ist als nächster dran.
Großes Tiergeschrei: Suchen Sie aus Memory-Karten alle Tierbilder aus, so daß immer zwei gleiche Bilder zur Verfügung stehen. Jeder Mitspieler bekommt eine Karte, schaut sie heimlich an, und auf ein Zeichen hin ruft jeder laut in der Lautsprache des Tieres, das auf seinem Kärtchen abgebildet ist, nach seinem Partner. Auf diese Weise müssen sich die Tierpaare finden.

Schau mal, ein winziges Krabbeltier

Naturschutz fängt bei kleinen Tierchen an!

Wer ekelt sich vor Würmern und Schnecken, fürchtet sich vor Spinnen und Tausendfüßlern, tritt Ameisen und kleine Käfer platt, wenn diese über den Weg rennen? Es sind die Erwachsenen, die dieses Verhalten vormachen. Von ihnen lernen es die Kinder. Also, zeigen Sie den Kindern, wie man vorsichtig und rücksichtsvoll mit den kleinen Krabbeltierchen umgeht. Erzählen Sie, wie die kleinen Tiere leben, wie interessant sie aussehen und was sie alles können. Und bei der nächsten Begegnung wird das Kind mit neuem Interesse das kleine Krabbeltier beobachten.

Marienkäfer

Niedlich sehen sie aus, die kleinen roten Käferchen mit den schwarzen Punkten. Wieviel Punkte sind auf den Flügeldecken? Darunter sind die Flügel versteckt. Diese sind ganz lang und dünn, aber gut gebaut fürs Fliegen. Wieviel Beine hat der Käfer? Wer sieht die kleinen Fühler? Wie das kitzelt, wenn der kleine Käfer eilig den Finger hochkrabbelt, um an der Fingerspitze seine Flügel auszubreiten und davonzufliegen. Wenn man allerdings dem Marienkäfer zu nahe kommt, stellt er sich tot. So lange, bis die Gefahr vorbei ist. Dann aber saust er eiligst davon.

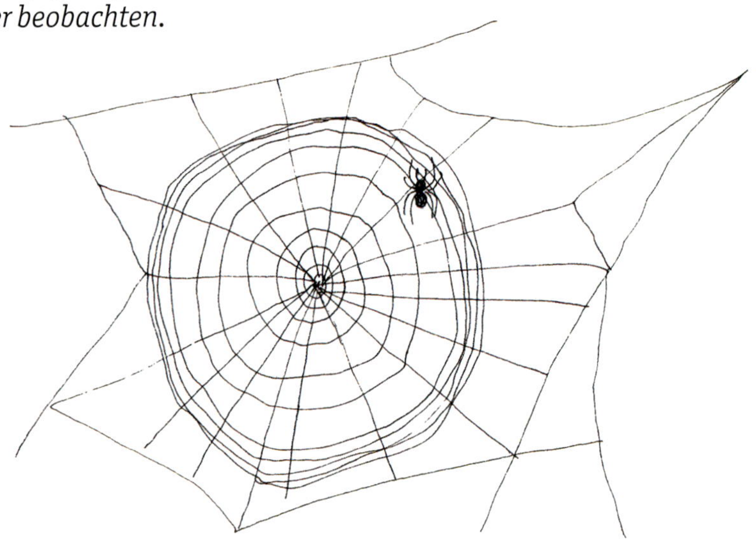

Spinnen

Pfui Spinne! schimpfen manche Leute, wenn ihnen etwas nicht paßt! Das hat die Spinne nicht verdient! Denn sie ist ein nützliches Tier und fängt viele Fliegen und Mücken. Als Augen hat sie sechs oder acht Augenflecken, mit denen sie aber nicht genau sieht, sondern nur hell und dunkel unterscheiden kann. Eine wahre Künstlerin ist sie im Netzspinnen.

Und wieso bleibt die Spinne in ihrem eigenen Netz nicht hängen? Lassen Sie die Kinder eine Erklärung finden. Die richtige Antwort kommt zum Schluß: Die Fäden, die strahlenförmig verlaufen, kleben nicht, so daß die Spinne darauf bequem auf und ab rennen kann. Aber die spiralförmigen Fäden sind klebrig, darin verfängt sich die Beute, wird von der Spinne dann eingesponnen, sozusagen als Vorratspaket verpackt, und später verspeist.

Schnecken

Was ein Schneckentempo ist, das weiß jedes Kind. Wollen die Kinder mehr darüber wissen? Die Schnecke hat nämlich nur einen Fuß mit einer Kriechsohle. Deshalb kommt sie so langsam von der Stelle. Auf feuchtem Boden geht es etwas schneller.
Wenn Sie eine Schnecke auf eine Glasscheibe setzen, können die Kinder genau beobachten, wie sich die Schnecke vorwärtsbewegt.

Die größeren Fühler sind die Augen der Schnecke, sie sieht damit nur Umrisse und ob es hell oder dunkel ist. Mit den kleinen Fühlern kann sie riechen, und zwar recht gut.
Die Weinbergschnecke trägt ein großes, graues Häuschen auf ihrem Rücken, die kleinere Schnirkelschnecke baut sich rosa, gelbe oder braune Häuschen.

Bienen

Keine Angst vor der kleinen Biene! Einfach ruhig bleiben, nicht bewegen und warten, bis die Biene wieder wegfliegt. Das sollten die Kinder wissen.
Und wie sammelt die Biene ihren Honig? Wenn ein Kind danach fragt, gibt es viel zu erzählen, zum Beispiel daß die Biene zuerst Nektar und Pollen von den Blüten aufsammelt und in ihren Borstenkämmen nach Hause trägt, oder wie sie ihren Bienenkasten findet und dort den andern Bienen mit einem Bienentanz mitteilt, wo diese gute Nahrung zu finden ist.
Wenn die Kinder das alles wissen, werden sie beim nächsten Mal mit großem Interesse die kleine Biene betrachten, und die Angst ist vergessen.

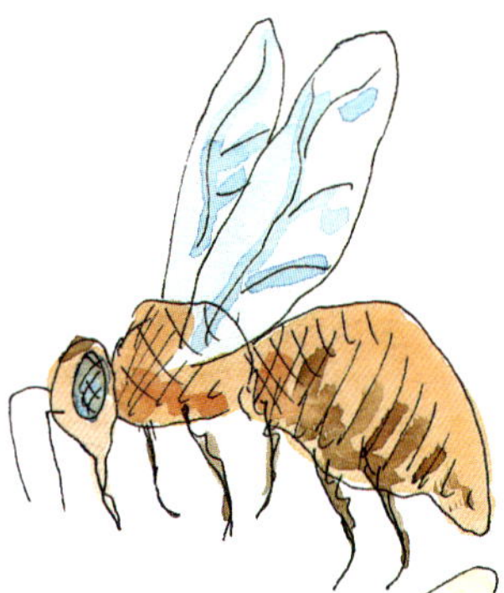

Eine Kribbel-Krabbel-Bastel-Woche

Montag: Mit einer roten Kerze tropfen Sie viele kleine, rote Wachstropfen auf ein Blatt Papier. Die Kinder verwandeln diese in kleine Marienkäfer und malen Kopf, Fühler und Beine dazu.
Dienstag: Aus Ton formen die Kinder kleine Schnecken und setzen ihnen echte Schneckenhäuschen auf. Wo dürfen die Tonschnecken kriechen? Draußen im Gemüsebeet natürlich.
Mittwoch: Die Kinder knüpfen ein großes Spinnennetz aus Wolle. Wo ist der beste Platz dafür? Erst die Rahmenfäden befestigen, dann Fäden strahlenförmig von der Mitte aus nach außen ziehen, zum Schluß die Fadenspirale einweben. So macht es auch die Spinne. Welch eine Überraschung, wenn am anderen Tag viele Bonbons im Spinnennetz hängen.
Donnerstag: Bienenwachs riecht herrlich, und aus Bienenwaben können die Kinder schöne, duftende Kerzen drehen. Danach gibt es für jedes Kind einen Löffel Honig zum Schlecken.
Freitag: Diesmal sieht das Wiesenbild ganz anders aus, denn die Kinder wissen, daß da am Boden Schnecken kriechen, auf den Blättern Käfer krabbeln, in die Blütenkelche Bienen fliegen und zwischen den Blumenstengeln kleine Spinnen ihre Netze spannen. Das alles wird auch gemalt.

Bauernhof und Zoo

Hier kennen sich die Kinder aus

Ein Kindertraum: Einen ganz großen Bauernhof oder Zoo aufbauen können, auf einer Fläche so groß und breit wie der halbe Gruppenraum. Und diese Spielzeug-Landschaft bleibt ein paar Tage stehen und muß nicht weggeräumt werden. Die Kinder bauen und spielen den ganzen Tag und können am andern Tag gleich weitermachen, noch mehr bauen und lange, lange weiterspielen. Auch am darauffolgenden Tag bleibt alles stehen. Das wäre schön! Einmal im Jahr könnten Sie den Kindern diesen Traum ja erfüllen. Für die Kinder wird es ein unvergeßliches Erlebnis sein!

Hühnergackern

Was für eine witzige Sache: Da zieht und zerrt man an einer Schnur, und schon gibt es in der Blechbüchse ein lautes Hühnergegacker. Wie das? Hier die Bastelanleitung:
In eine kleine Blechdose mit Nagel und Hammer ein winzig kleines Loch hämmern, eine Nylonschnur durchziehen und in der Dose einen festen Knoten knüpfen. Nun ruckartig an der Schnur ziehen und es gackert in der Büchse. Diese kann mit Buntpapier und Federn in ein Huhn verwandelt werden.

Jeder hat seine Arbeit

Welche Arbeit hat der Bauer, was macht die Bäuerin? Aber auch die Kuh, die vielen Hühner und das Schaf haben zu tun, damit wir Milch, Eier und Wolle bekommen. Der Hund bewacht den Hof, und die Katze fängt die Mäuse, die den Speck in der Speisekammer fressen wollen.

Die Kinder blättern Bilderbücher vom Bauernhof durch und schauen nach weiteren Aufgaben und Arbeiten, die auf einem Bauernhof zu erledigen sind.

Plüschtier-Zoo

Alle Plüschtiere werden zusammengesucht. Dann besprechen Sie mit den Kindern, welche besondere Behausung und welche Umgebung jedes Tier braucht, um sich in dem neuen Zoo wohlzufühlen. Der Affe braucht einen Kletterbaum, das Nilpferd einen großen Teich, der Eisbär einen kühlen See, eine Eisscholle und eine Höhle.

Das alles wird von den Kindern gebastelt, mit Karton, Pappröhren, Kleisterpapier, Wellpappe, Buntpapier, Tonpapier. Es wird gemalt, geklebt und zusammengebaut. Wenn der Plüschtier-Zoo aufgebaut ist, dann kommen die Puppen zu Besuch, und die Kinder zeigen und erklären ihnen den neuen Zoo.

Etwas andere Zoo-Geschichten

In einem Zoo sind die Tiere aus der ganzen Welt zu sehen. Doch, wo wohnen diese Tiere in Wirklichkeit? Wie sieht es in der Heimat des Löwen aus? Wo schläft der Elefant in der Wildnis, wenn er müde ist? Wie finden die Pinguine ihr Fressen, wenn es ihnen kein Wärter mehr bringt? Diesmal sind Sie es, die den Kindern solche Fragen stellt. Das macht neugierig. Was wissen die Kinder wirklich von der Welt der Zoo-Tiere? Wenn es die Kinder interessiert, können Sie jeden Tag von einem anderen Zoo-Tier erzählen, aus seinem Heimatland berichten und Bilder und Fotos von dieser fremden Tierwelt zeigen.

Zoo-Bilderbuch

Die Kinder schneiden aus Kalenderblättern, Zeitschriften und Reise-Katalogen die Tiere aus, die sie in einem Zoo schon gesehen haben. Die Bilder werden auf Zeichenblätter geklebt, dazu malen die Kinder eine für das Tier passende Umgebung, überlegen auch, was das Tier am liebsten um sich herum hat und was es sonst noch alles zum Leben braucht. Alle Blätter werden zu einem Bilderbuch zusammengeheftet.

Der große Bauernhof

Alle Kinder machen mit beim Aufbau des großen Bauernhofspiels. Da gibt es den Hof mit Ställen und einem schönen Wohnhaus, dann braucht man die Garage für die Traktoren und Maschinen, auch Zäune, Wiesen, Äcker, Gemüsefelder werden angelegt, und der typische Bauerngarten am Wohnhaus, der Hühnerstall, und die Gänsewiese mit dem kleinen Bach, der Ententeich und vieles, vieles mehr. Was an Spielzeug fehlt, wird einfach aus Kartonpapier und Buntpapier gebastelt. Moospolster sind Wiesen, Zweige sind Bäume und werden auf Kneteklümpchen gesteckt, die Wiesenblumen und das Gemüse sind kleine Buntpapierknäuel, der Bach ist ein Alufolienstreifen, der Teich ein blauer Stoff.
Besprechen Sie mit den Kindern, was alles aufgebaut oder gebastelt werden kann, aber lassen Sie die Kinder alle Bau- und Bastelarbeiten selber ausführen.

Abenteuer im Kindergarten

„Heute war es im Kindergarten ganz toll!" Ein größeres Lob kann sich die Erzieherin nicht vorstellen. Es ist die schönste Belohnung für das Engagement und den Zeitaufwand, der oft bis in das Wochenende hinein reicht. Ja, die Abenteuer-Tage sind immer wieder die schönsten Überraschungen für die Kinder. Die Aufregung ist groß, das Erlebnis unvergeßlich!

Und lange noch erzählen die Kinder davon, spielen immer wieder Szenen nach, mit den Puppen, mit den Holzspielsachen oder als kleines Rollenspiel. So ein Abenteuertag fördert die Phantasie der Kinder, ihre Aktivität, ihre Gefühle zueinander und nicht zuletzt die Begeisterung, mit der die Kinder in den Kindergarten gehen!

Zum Kopieren und Anmalen

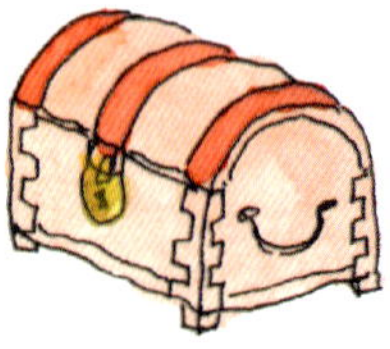

Die große Schatzsuche und eine Löwenjagd

Wie sieht eine Abenteuerinsel aus? Was kann dort alles passsieren? Was gibt es dort zu finden? Wie kommt man dorthin? Alle diese Fragen zeigen, daß jetzt Phantasie angesagt ist. Und die haben die Kinder ganz bestimmt. Also, lassen Sie die Kinder von ihrer Abenteuerinsel erzählen. Wie ein Reporter stellen diesmal Sie die Fragen, und die Kinder antworten. Und wenn Sie aufmerksam zuhören, dann werden Sie bestimmt viele Anregungen für einen nächsten Abenteuertag erhalten.

Kasperles Abenteuer

Auch das Kasperle kann spannende Abenteuer erleben, zum Beispiel wenn es im Wald die Hexe trifft, die ihr Hündchen, das gräßliche Krokodil, spazierenführt, oder wenn der Räuber dem Zauberer den Zauberstab klaut und böse Zaubereien damit vorhat.
Diese Geschichten können ganz schön aufregend werden. Zum Glück gibt es dabei auch etwas zu lachen, wenn der Kasperl beim Erzählen seiner Geschichten manche Dinge durcheinanderbringt und berichtet, daß das Krokodil die Hexe an der Leine durch den Wald führt und der Zauberstab den Räuber im Sack versteckt.

Geh'n wir heut auf Löwenjagd?

Dieses Pantomimespiel ist bei Kindern sehr beliebt, sie könnten es jeden Tag spielen:
Die Löwenjäger treffen sich im Kreis, und Sie erzählen, was die Gruppe alles erlebt. Pantomimisch spielen die Kinder mit. Und welches Abenteuer sie erleben, das ist jedesmal eine etwas andere Geschichte. Die Kinder müssen viele Gefahren meistern, sie müssen klettern, schwimmen, balancieren und viele Hindernisse überwinden.

Die Reihenfolge denken Sie sich als Erzählerin aus. Sie beschreiben die Ereignisse, spielen die Bewegungen vor, die Kinder hören zu, schauen, machen mit und bleiben dabei meistens auf ihren Plätzen sitzen oder stehen.

Noch mehr Ideen!

So könnte die Geschichte beginnen:

Alle sitzen im Flugzeug, schnallen sich an und schließen die Augen.
So schnell, wie unsere Gedanken sind, fliegen wir nach Afrika.
Dort landet das Flugzeug. Alle steigen aus, schultern ihren Rucksack und wandern los.
Ein Bach muß überquert werden, dabei tun alle so, als würden sie Schuhe und Strümpfe ausziehen und durch das Wasser waten.
Durch hohes Gras geht es weiter. Alle schauen sich um, ob da nicht ein Löwe auftaucht und schleichen vorsichtig.
Jetzt müssen die Löwenjäger durch ein Dickicht, dann einen Felsen hochklettern. Und wieder schauen sich alle um. Ist der Löwe zu sehen?
Die Gruppe kommt an einer Höhle vorbei. Ob sich hier der Löwe zum Schlafen zurückgezogen hat?
Alle schleichen vorsichtig hinein.
Es ist sehr dunkel. Jeder holt seine Taschenlampe aus dem Rucksack und leuchtet auf den Weg.
Da plötzlich springt der Löwe auf...
Und jetzt passiert der schönste Spiel-Spaß, denn es geht in hastiger Eile zurück, das heißt, alle Wege, Stationen und Hindernisse werden in umgekehrter Reihenfolge überwunden. Nichts darf vergessen werden. Doch sind die Bewegungen jetzt doppelt so schnell. Die Kinder werden dabei ganz aufgeregt.
Schließlich erreichen die Löwenjäger unbeschadet das Flugzeug, steigen ein, schnallen sich an, fliegen zurück und landen im Kindergarten.
Für heute ist die Löwenjagd glücklich überstanden! Aber morgen, da wollen die Kinder wieder losziehen.
Ob es dann auch wieder gutgeht?
Das ist der Nervenkitzel!

Heute ist große Schatzsuche

Jetzt wird es aufregend, denn jedes Kind bekommt zuerst ein geheimnisvolles Zeichen auf die Hand gemalt, dann ziehen die Abenteurer los.
Sie finden einen Briefumschlag am Boden. Im Brief ist eine Schatzkiste gemalt und eine Zeichnung verrät, wohin die Gruppe gehen muß: Ein Fenster ist auf der Zeichnung zu erkennen.
Tatsächlich, am Fenster entdecken die Kinder einen roten Faden. Ein Kind zieht daran, und hinter dem Vorhang kommt eine kleine Papprolle zum Vorschein. Ein Brief steckt drin mit einem Bild, das wie Wasser aussieht, mit Wasserfarben gemalt.
Was ist das für eine Nachricht?
Wo gibt es Wasser?
Die Kinder suchen und finden in einem mit Wasser gefüllten Becken eine Flaschenpost. Darin finden sie einen Zettel, der auf eine neue Spur führt: Ein Baum ist abgebildet.
Schnell werden alle Bäume im Garten abgesucht. Einer findet das kleine Päckchen in den Zweigen...
So werden die kleinen Schatzsucher von einem Ort zum nächsten geschickt, Briefe, Zettel und Bilder zeigen den Weg. Zum Schluß finden sie wirklich den Schatz, mit Goldlack bemalte Kieselsteine.

Märchentag

mit Schneewittchen, Frau Holle, Rumpelstilzchen, Froschkönig und wie sie alle heißen

Ein Tag voller Märchen, ein Traumtag für die Kinder! Sie verwandeln sich selbst in Märchengestalten und leben und erleben ihre Märchenwelt, als wäre es ihre Wirklichkeit. Der Kindergarten wird zum Märchenschloß, der Garten zum Schloßpark, und die Kinder wandeln darin mit großem Vergnügen, denn sie sind feine Prinzessinnen, tapfere Prinzen und mutige Helden geworden. Und hinter den Hecken lauern die schönsten Märchengeheimnisse.

Kleines Tischtheater

Während Sie das Märchen erzählen, passiert die Geschichte gleichzeitig in dem kleinen Tischtheater.
Die Spielfiguren werden von Ihnen auf dem Tisch hin und her bewegt, je nachdem, was gerade im Märchen passiert.

Die Figuren haben Sie mit den Kindern aus Papier gebastelt, und die Requisiten sind aus Naturmaterial. Jetzt können sogar die jüngsten Zuhörer stillsitzen und aufmerksam zuhören, weil sie zusätzlich noch etwas zum Schauen haben.

Märchen erzählen

Märchen können erzählt, aber auch vorgelesen werden. Es kommt darauf an, was Sie als Märchenerzählerin besser können. Ein Märchen muß mit Spannung vorgetragen werden, dann werden die Personen lebendig, und die Kinder bangen und zittern mit, fürchten sich und lachen mit und klatschen vor Freude in die Hände, wenn alles ein gutes Ende genommen hat.

Tip:

Richten Sie mit den Kindern eine Märchen-Ecke ein, mit einem großen Märchenstuhl, das kann ein uralter Lehnstuhl sein, in dem die Märchenerzählerin sitzen wird, rundum sind bunte Sitzkissen für die Zuhörer verteilt. Die Ecke wird mit Sternenvorhängen geschmückt, von der Decke herab hängen Gegenstände, die zu einem Märchen gehören, zum Beispiel das Käppchen von Rotkäppchen, die goldene Kugel vom Froschkönig und Stoffrosen von Dornröschen.

Märchensendung im Fernsehen

Na klar, aber den Fernseh-Apparat haben die Kinder aus Karton selbst gebastelt. Die Unterseite ist herausgeschnitten, das ist der Bildschirm. Die einzelnen Märchenszenen-Bilder malen die Kinder auf Papierbögen und kleben diese mit der oberen Bildkante auf Stäbe, damit sie hinter den Bildschirm gehängt werden können.

Diese Stäbe liegen dann oben auf den Seitenwänden auf.
Ton ab, die Sendung läuft:
Sie erzählen oder lesen ein Märchen und hängen ein Bild nach dem andern in den Karton-Fernseher.

Schatten-Bilder

Das ist eine spannende Sache, denn während Sie ein Märchen erzählen, betrachten die Zuschauer große Schattenbilder.
Die Schattenwand besteht aus Wäscheleine und Bettlaken, das Licht gibt eine Schreibtischlampe, und die Schattenbilder spielen die Kinder. Mit wenig Verkleidung verwandeln sie sich in Märchenfiguren.
Beim Spiel stellen sich die Kinder hinter der Leinwand in einer bestimmten Pose auf und bleiben so unbeweglich stehen. Die anderen schauen das Schattenbild an, während Sie einen kurzen Teil des Märchens erzählen.

Dann geht das Licht aus, die nächsten Kinder stellen sich hinter der Leinwand auf, Licht an – das nächste Schattenbild erscheint, und Sie erzählen das Märchen weiter.

Märchenfest im Kindergarten

Bei allen Vorbereitungen und Bastelarbeiten machen die Kinder mit, denn Vorfreude ist die schönste Freude!
Dekoration: Die Sterne aus „Sterntaler" werden aus Tonpapier ausgeschnitten und mit Glitzerfaden an die Decke gehängt, die Zipfelmützen der Zwerge von „Schneewittchen" sind aus Buntpapier und hängen mit Wäscheklammern an einer Wäscheleine, die Schneeflocken von Frau Holle werden mit Fingerfarben ans Fenster getupft.
Essen: Sterntalerplätzchen, Zwetschgenmus vom Tapferen Schneiderlein und der Süße Brei, alles ist auf dem Tischleindeckdich angerichtet.
Verkleiden: Am Eingang hängen an den Kleiderhaken Hüte, Tücher, Schals, Röcke, Schürzen. Jeder Besucher muß sich mindestens ein Kleidungsstück umhängen, dann erst darf er den Gruppenraum betreten.
Spiele: Froschkönig: Mit einem golden angemalten Schaumstoffball zielt man in einen Papierkorb-Brunnen.
Sechse kommen durch die Welt: Papierbäume und -figuren stehen auf einem Tisch und werden mit kräftigem Pusten umgeblasen.
Der Fischer und seine Frau: Wer den Papier-Butt aus dem Karton-Meer angelt, bekommt eine in Glitzerpapier eingepackte Überraschung.

Ritter und Drachen-Ungeheuer

Gibt es Drachen – oder gibt es sie nicht?

Ritter, ja die gab es früher wirklich, das wissen die Kinder. Sie lebten in ihren Ritterburgen und trugen beim Kampf ihre schweren Rüstungen. Aber wie ist das mit den Drachen? Gab es sie auch früher? Auf diese aufregende Frage könnten Sie als Antwort nur mit den Schultern zucken. Und ab sofort ist die Sache mit den Drachen sehr spannend und geheimnisumwittert, und das Interesse der Kinder an den Ritter- und Drachenspielen steigt ungeheuerlich.

Ritter-Spiel-Burg

Alle Kinder tragen große und kleine Kartons, Schachteln und Pappröhren zusammen.
Dann beginnt der Bau der Ritterburg.
Da gibt es Mauern, Türme, Zugbrücken und Innenhöfe.
Und die Burgbewohner werden zuerst auf Papier gemalt, dann ausgeschnitten und, damit sie gut stehen, auf halbierte und eingeschlitzte Korkstückchen gesteckt.

Ritterspiele

Wollen die Kinder selber mal Ritter sein und sich in den Ritterspielen erproben? Beim Pferderennen reiten die Ritter auf ihren selbstgebastelten Besenstil-Pferden. Beim Lanzenstechen müssen sie auf einem Bein hüpfen und versuchen, den Gegner mit einer Lanze umzustoßen.

Die Lanze ist ein Stab, dessen eine Seite mit einem Wolltuch dick und weich abgepolstert ist.
Beim Seilziehen messen immer vier Ritter ihre Kräfte, und beim Lanzenwerfen muß man einen Stab, verziert mit Kreppapierbändern, durch einen Reifen zielen.

Großes Drachenmonster

Mit lautem Drachengebrüll und mit vielen Drachenbeinen kommt der Riesendrache daher. Wie das?
Der Drachenkopf ist aus Karton gebastelt, mit einem großem Maul, großen Zähnen, Holzkugelaugen und einer Papierstreifenmähne.
Der Karton ist unten aufgeschnitten, so daß ein Spieler hineinschlüpfen, den Drachenkopf tragen und durch das geöffnete Maul nach draußen schauen kann.

Der Drachenkörper ist eine lange Stoffbahn, unter der Kinder versteckt sind. Sie stehen dicht hintereinander, halten sich an den Schultern fest und marschieren im Gleichschritt.
Vielleicht wird dieser Drache von einem Ritter gezähmt und benimmt sich dann wie ein friedliches Haustier?

Feuer-Drache

Ja, dieser Drache kann wirklich Feuer speien. Aus Ton wird er geformt und ist innen hohl, zumindest hat er ein großes Maul mit einem noch größeren, tiefen Schlund.

Da hinein wird eine Wunderkerze gesteckt, angezündet, und schon beginnt der kleine Drache heftig Feuer zu spucken.

Eine aufregende Ritterwoche

Montag: Sie erzählen Geschichten aus der Ritterzeit.
Was war damals alles anders? Was war schwierig, was war schön? Die Kinder tauschen ihre Meinungen aus.

Dienstag: Aus Schachteln, Kartons, Wellpappe und Pappröhren basteln sich die Kinder eigene Ritterrüstungen, malen sie an oder bekleben sie mit Schmuckelementen aus Buntpapier.

Mittwoch: Alle kleinen Ritter schlüpfen in ihre Rüstungen, bekommen feierlich einen Ritternamen und treten dann mit Ritterspielen gegeneinander an.

Donnerstag: Der Gruppenraum wird in eine Ritterburg umgewandelt, zum Beispiel mit Papp-Zinnen am Fenster und einer Papp-Zugbrücke an der Eingangstür.

Freitag: Heute passiert Ungeheuerliches! Gerade haben die Kinder ihre Ritterrüstungen angezogen, da drängt ein wilder Drache in den Gruppenraum. Wer steckt unter der Maske? Das erfahren die Kinder erst, wenn sie den Drachen gebändigt haben. Denn dann schlüpfen unter dem Stofflaken zwei mutige Eltern hervor und werden als Belohnung für ihren Einsatz zum Ritterschmaus eingeladen.

Gespenster tag

Hilfe, die Geister kommen!

Der Schreck ist groß, aber der Spaß noch viel größer! Denn Gespenster spielen ist für die größeren Kinder eine tolle Sache. Sie verkleiden sich mit Tüchern und alten Vorhängen, jaulen in den schrecklichsten Geistertönen, machen fürchterliche Rasselmusik, führen wilde Tänze auf – und sind froh, daß es in Wirklichkeit keine Gespenster gibt!

Gruselspiel

Das ist ein verrücktes Spiel für Mutige. Wer mitmachen will, setzt sich an den Tisch. Unter dem Tisch, so daß keiner etwas sehen kann, werden seltsame Gruseldinge weitergegeben, zum Beispiel eine glitschig-feuchte Seife, ein schlabbrig-nasser Waschlappen, ein eklig-nasser Schwamm, eine piekig-harte Drahtbürste, ein eiskalter Eiswürfel. Wer sich zu sehr ekelt, der darf heimlich nachschauen, was er da in der Hand hat. Aber den anderen nichts verraten!

Geister-Rasselmusik

Gespenster lieben laute Lärmmusik. Da sind die Rasseln gerade richtig! Mit Schlüsselbund, mit Schneeketten von Ihrem Auto, mit Blechbüchsen und Kaffeesahne-Blechdosen, in deren Öffnung oder Löcher kleine Steinchen gefüllt wurden, sind die Gespenster bestens ausgestattet, um mal ordentlich lauten Gespensterlärm zu machen.

Da gibt es auch noch den Jaulschlauch, die Trichter-Trompete und die Kochtopf-Pauke. Lassen Sie die kleinen Gespenster ein Weilchen richtig laut rasseln.

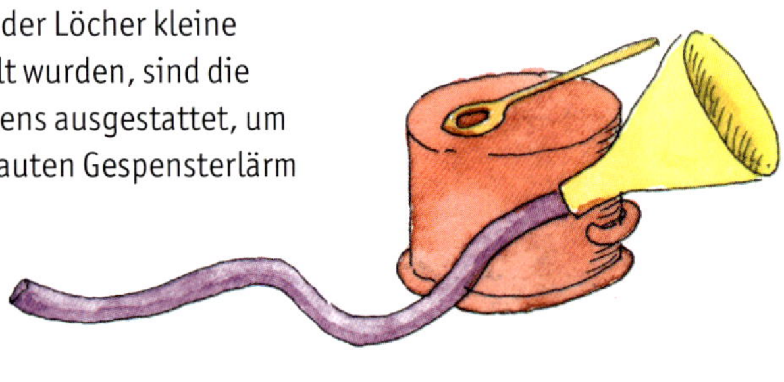

Sonderprogramm: Übernachten im Kindergarten

Schlafplätze: Mit Luftmatratzen, Schlafsäcken oder Decken rücken die Kinder abends an. Klar, daß das Kuscheltier auch dabei ist.
Essen: Es gibt Würstchen mit Kartoffelsalat und Tee. Die Kinder helfen bei den Vorbereitungen.
Kasperl-Theater: Der Kasper wundert sich, daß am späten Abend noch so viele Kinder da sind und erzählt anstatt einer Einschlafgeschichte eine Aufwachgeschichte vom Schloßgespenst und der Prinzessin.
Nachtausflug: Wie sieht es rund um den Kindergarten bei Nacht aus? Die Kinder sind mutig und wollen es selber sehen und erleben.
Gute-Nacht-Geschichten: Soll es eine Gespenstergeschichte sein? Na klar! Zum Glück sind die Kuscheltiere da, zum Festhalten, wenn's spannend wird.
Betthupferl: Das „hupft" ganz bestimmt, denn es ist Popkorn. Ein elektrischer Campingkocher wird aufgestellt und darauf in einem hohen Topf das Popkorn gemacht. In ein bis zwei Meter Entfernung sitzen die Kinder rundum und dürfen die springenden Körner auffangen.
Einschlafmusik: Leise Musik verjagt die Gespenster, das ist bekannt, denn die wollen es lieber lärmend laut haben. Doch leise Musik macht Menschen schläfrig, das ist auch bekannt, die Kinder wissen es und lassen die Müdigkeit zu.

Gespenster-Geschichte

Gespenster lügen, daß sich die Balken biegen. Erfinden Sie eine verrückte Gespenster-Lügengeschichte.
Die Kinder passen jetzt besonders auf, und wenn sie die Lüge erkennen, dürfen sie wie Gespenster johlen.
So zum Beispiel könnte Ihre Geschichte beginnen: Als ich nachts durch die Straßen ging, da schien am Himmel hell die Sonne... (huhuhui! Das ist falsch! Der Mond scheint nachts! rufen die Kinder)...

Geister-Gesichter

Aus einer Melone oder einem Kürbis kann man ein gruseliges Gesicht mit leuchtenden Augen basteln:
Die Frucht aushöhlen, Augen, Nase und Mund aus der Schale herausschneiden und ein Teelicht in den Geisterkopf stellen.
Schon flackern die Gespensteraugen!
Übrigens: Aus den restlichen Melonenstückchen kann man einen prima Nachtisch und aus den Kürbisstückchen eine schmackhafte Suppe zubereiten.

Gespenster-Puppen

Die kleinen Gespensterpüppchen können die Kinder selber machen: Ein Papierknäuel wird in die Mitte eines Taschentuches gelegt und als Kopf mit Wollfaden abgebunden. Das Puppengespenst bekommt noch ein paar Wollehaare und ein lustiges Gespenstergesicht aufgemalt. Fertig!

Feld-Wald-Wiesen-Tag

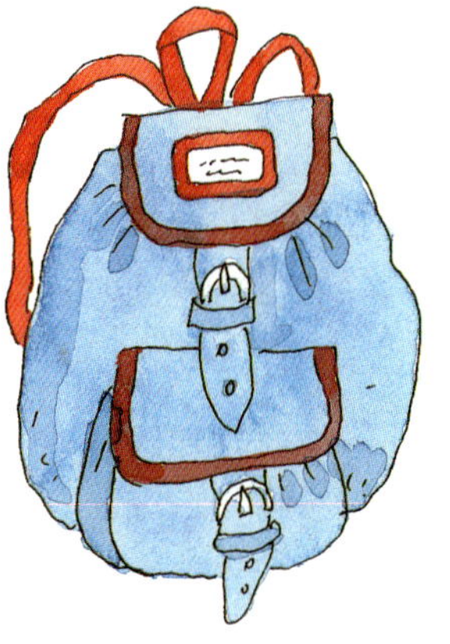

Der Kindergarten findet heute auf einer Waldwiese statt

So steht es im Elternbrief: „Bei schönem Wetter treffen sich alle Kinder um 8.30 Uhr vor dem Kindergarten. Essen und Trinken für den Tag bringt jedes Kind mit, in einem Rucksack, den das Kind auch selber tragen kann."
Und was machen die Kinder auf der Waldwiese? Hier sind drei Ideen , wie man einen erlebnisreichen Tag draußen in der Natur gestalten kann.

Das große Waldspiel

Die ganze Kinderschar legt ihre Rucksäcke am Picknickplatz ab, eine Kollegin oder Eltern, die mitgekommen sind, bleiben dort zurück.
Und Sie wandern mit den Kindern in den Wald. Doch immer wieder bleiben Sie stehen und stellen den Kindern eine Aufgabe:

Aufgabe: Wegrand
Am Wegrand liegt allerhand, zum Beispiel Steine, Rinde, Zweige, Schneckenhäuschen, Blätter, Eicheln, Tannenzapfen. Die Kinder sammeln ein, was ihnen gefällt und gestalten auf dem Waldboden ein großes Legebild. Dieses Bild bekommt die Natur von den Kindern geschenkt und bleibt einfach liegen.

Aufgabe: Wiesenblumen
Die Kinder suchen nach Blumen, passen auf, daß sie dabei keine zertrampeln, legen ein Taschentuch neben die Blume, die sie besonders schön finden, pflücken sie aber nicht. Dann geht die ganze Gruppe von einem Fundort zum nächsten, der ja mit einem Taschentuch markiert ist, und betrachten und vergleichen die Blumen.

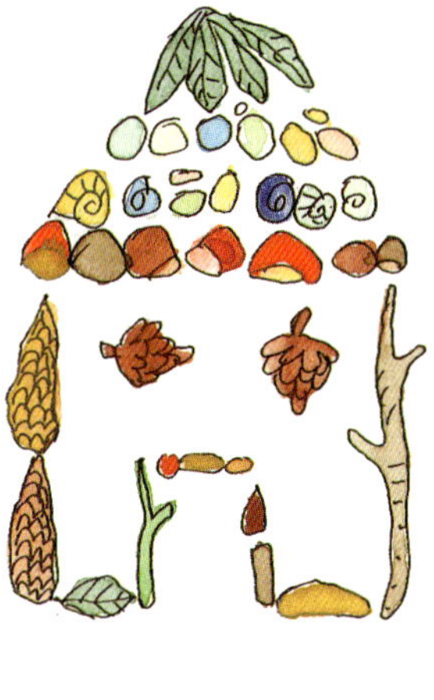

Aufgabe: Märchen
Sie fragen die Kinder nach Märchen und Geschichten, bei denen im Wald sich etwas abspielt. Die Kinder überlegen und sprechen all die Geschichten und Märchen durch, die ihnen gerade einfallen. Mit Fragen und Ratespielen können Sie den Kindern auch auf die Spur helfen.

Aufgabe: Waldtiere
Welche Tiere leben im Wald?
Die Kinder erzählen, was sie wissen.

Aufgabe: Tannenzapfen-Spiel
Drei Tannen- oder Kiefernzapfen werden von jedem Kind in einen Kreis geworfen, den Sie mit einem Stab in den Waldboden ziehen.

Picknick: Und nun geht es zurück zum Picknickplatz. So einen Hunger hatten die Kinder schon lange nicht mehr!

Das große Indianerspiel

Begrüßung: Wie begrüßen sich die Indianer? Zum Beispiel so: Sie kreuzen die Arme über der Brust und verbeugen sich. Mit dieser Begrüßungs-Zeremonie beginnt das Spiel.
Schleichen: Indianer können ganz leise schleichen. Das ist auf einem Waldboden gar nicht so einfach. Die Spielregel: Ein Kind sitzt mit geschlossenen Augen auf dem Boden, ein anderes schleicht eine kurze Wegstrecke. Ist ein Geräusch zu hören, muß der Lauschende mit dem Finger in die Richtung zeigen. Stimmt es?
Na, dann beginnt das Spiel noch einmal von vorne.
Handzeichen: Wenn Indianer unbemerkt bleiben wollen, verständigen sie sich nur mit Handzeichen. Das ist das nächste Spiel: Ein Spieler führt mit Handzeichen einen Mitspieler über die Wiese. Die Handzeichen werden vorher vereinbart, zum Beispiel „Komm her", „Bleib stehen", „Gehe zur Seite", „Geh in die Hocke", „Schnell rennen".
Tierstimmen: Indianer können ausgezeichnet Tierstimmen nachahmen. Ob die Kinder das auch können? Zum Beispiel wie ein Käuzchen rufen, wie ein Fuchs bellen, was noch?

Pfeile werfen: Darin sind die Indianer Meister. Die Kinder probieren es mit Ästen und Zweigen, die sie gefunden haben. Die Zielscheibe wird einfach in den Waldboden gezogen.
Friedenspfeife: Sie werden von den Kindern aus langen Ästen und Kiefernzapfen gebastelt, mit Blumendraht zusammengehalten und mit bunten Wollfäden verziert. Draht und Wolle haben Sie dabei.

Bemalung: Die Indianer bemalen ihre Gesichter mit Erdfarben. Wenn die Kinder Lust dazu haben, können sie das auch: Etwas Erde wird mit Wasser (aus dem Bach) verrührt. Mit dieser Erdfarbenpaste kann sich jeder ein paar Striche ins Gesicht malen.
Indianertanz: Die Indianer stampfen bei ihren Tänzen fest auf den Boden, springen hoch, drehen sich... und mit ähnlichen Tanzschritten denken sich die Kinder ihren Indianertanz aus.

Noch mehr Ideen!

Das große Sportfest

Auf einer Waldwiese kann man herrlich rennen und hüpfen und springen und toben. Und wer dabei hinpurzelt, halb so schlimm, denn der fällt auf weichen Erdboden.
Rennen: Jeder rennt so schnell er kann über die Wiese. Es ist nicht wichtig, wer der Erste ist! Hauptsache: Alle machen mit!
Springen: Mit kurzem Anlauf macht jeder den weitesten Sprung, den er kann.
Rückwärts: Wer kann rückwärts gehen? Wer rückwärts hüpfen?
Dreibein: Zwei Kinder stehen dicht nebeneinander und bekommen mit einem Taschentuch jeweils ein Bein zusammengebunden. Wer kann trotzdem über die Wiese marschieren?

Schubkarren: Einer geht auf seinen Händen, der andere hält ihn an den ausgestreckten Beinen fest.
So marschieren beide vorwärts.
Riesenslalom: Äste werden in den Boden gesteckt und mit Taschentuchfähnchen gekennzeichnet. Und während einer losrennt, rufen und pfeifen die andern und feuern zum Endspurt an.
Ehrenabzeichen: Zum Schluß bekommt jeder Sportler einen vergoldeten Tannenzapfen. Dieser wurde mit Goldfarbe angepinselt und an ein rotes Band geknüpft.

Zirkustag

An jedem Tag ist ein bißchen Zirkus

Mal sind alle Kinder Clowns, lachen laut und machen ihre Faxen, mal sind sie Löwen und fauchen und drohen mit ihren Tatzen, mal sind sie Akrobaten und springen und klettern über Tische und Stühle... da fehlt nur noch der Zirkusdirektor, der mit allen kleinen Artisten ein Zirkusprogramm zusammenstellt und zum Zirkusfest einlädt.
Und das könnten Sie sein!

Jongleure

Sie werfen einen Ball in die Höhe und müssen ihn auch wieder fangen. Das ist für die Kinder ein echtes Kunststück!

Akrobaten

Sie laufen auf Stelzen, hüpfen mit dem Hüpfball oder fahren zu zweit auf einem Dreirad.

Clowns

Sie purzeln und fallen, machen Grimassen, strecken sogar die Zunge heraus, machen Purzelbäume und tanzen mit wirbelnden Beinen im Kreis.

Löwendompteure

Sie lassen die Löwen durch Feuerreifen springen, das sind Holzreifen mit aufgeklebten roten und gelben Papierflammen.

Elefanten-Tanz

Die Elefanten stellen sich auf die Hinterbeine, halten ihre Rüssel hoch und tanzen mit schweren Schritten im Kreis herum.

Bären-Reigen

Die Bären tapsen hintereinander her, halten sich mit den Vorderpfoten an den Schultern fest und tanzen so ihren Reigen.

Seiltänzer

Sie balancieren mit kleinen Puppenschirmen über ein Seil, das einfach auf dem Boden liegt.

Gewichtheber

Sie stemmen Besenstil-Gewichtstangen hoch, daran sind rechts und links große, aber leere Schachteln befestigt.

Zirkus-Masken

Die Bären, Elefanten, Löwen und auch die Clowns tragen Hutmasken. Die können die Kinder selber basteln, das geht so:

Einen Luftballon auf die Größe eines Kinderkopfes aufblasen, mit eingekleistertem Papier bekleben, dabei zwei oder drei Schichten übereinanderkleben und etwa zwei Tage trocknen lassen. Dann eine Kappenform rundum abschneiden, das ist die Hutmaske, die mit einem Gummiband ums Kinn festgehalten wird.

Elefant: Er bekommt zwei große Ohren aus grauem Karton und einen Kreppapier-Rüssel auf die Papp-Kappe aufgeklebt.

Bär: Er bekommt aus Plüschstoff zwei Bärenohren aufgeklebt. Die Bärenschnauze wird mit schwarzer Schminkfarbe als dicker Punkt auf die Nase gemalt.

Löwe: Aus braunem Kreppapier bekommt er seine Löwenohren. Seine große, wilde Löwenmähne besteht aus Bast oder kringeligen Wollfäden, die aufgeklebt werden. Die Löwenschnauze wird mit Schminkfarbe auf die Nase und der Schnurrbart auf die Wangen gemalt.

Clown: Er bekommt rote Bast- oder Wollhaare, die rundum angeklebt werden. Die Haube ist die Glatze und wird hellrosa angemalt. Die Clown-Nase ist ein kleiner, roter, halbierter Gummiball mit einem Gummiband.

Das Zirkuszelt

Die Zirkusarena kann jederzeit mitten im Gruppenraum aufgebaut und auch schnell wieder abgebaut werden.
An einem Deckenhaken werden viele, lange, bunte Bänder aus Stoff oder Kreppapier befestigt, zu einem Zeltdach weit auseinandergezogen und am Boden mit Klebebändern festgeklebt.

Dann wird rund um diese Arena eine Stuhlreihe für die Zuschauer aufgestellt.
Dieses Zirkuszelt sieht sehr einladend aus, da braucht es keine großen Worte mehr, die Kinder sind schon da und wollen gleich mitmachen!

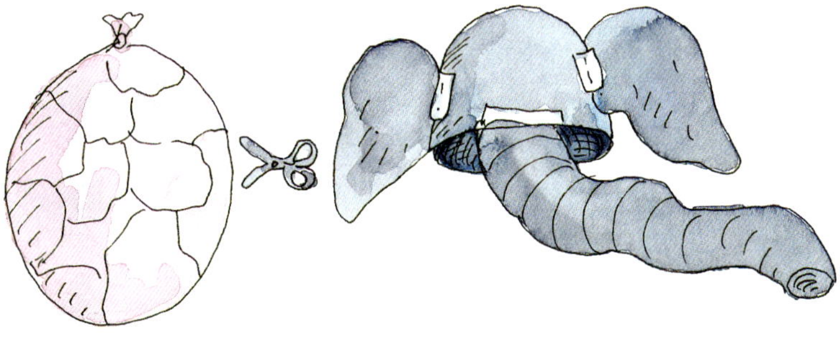

Feste und Bräuche

Kinder brauchen Feste! Faschingstanz, Ostergeheimnisse, Laternenumzug, Nikolausspiel, Weihnachtsfeier, das sind Höhepunkte im Jahresablauf. Natürlich ist das Geburtstagsfest das wichtigste Fest für ein Kind, da ist es einen ganzen Tag die Hauptperson. Doch dann gibt es die anderen Feste, die alle Leute miteinander feiern. Diese Feste haben einen anderen Reiz, denn die ganze Umgebung bereitet sich darauf vor, auch die Geschäfte und sogar das Fernsehen feiern mit. So erleben es die Kinder. Manche dieser Feste haben sich inzwischen zu pompösen Geschenke-Festen entwickelt. Alles wird übertrieben, das besondere Erlebnis verschwindet.

Zum Beispiel wird Fasching schon ab Neujahr in den Geschäften angekündigt, und gleich danach drängeln sich Osterhasen in den Verkaufsregalen. Kaum ist Ostern vorbei, hängen die Schaufenster voller Muttertagsherzen. So jagt ein Fest das andere, doch die Höhepunkte bleiben aus. Was also können wir tun, wenn wir mit den Kindern schöne, erlebnisreiche, stimmungsvolle Feste feiern wollen?
Es sind oft die einfachen Dinge, die den Kindern gefallen: Wenn sie bei den Vorbereitungen mit einbezogen werden, wenn sie das Festprogramm ausdenken dürfen und nicht alle Überraschungen verraten werden, und wenn Sie viel Zeit für die Kinder haben.

Zum Kopieren und Anmalen

Das
neue Jahr

Ein Neujahrs-Durcheinander

Laßt uns die Feste feiern, wie sie fallen, heißt es. Aber wann sind sie denn fällig? Die meisten Feste wurden irgendwann einmal festgelegt, so zum Beispiel Neujahr. Da bestimmte 1691 Papst Innozenz XIII, daß der Jahreswechsel in der Nacht zwischen dem 31. Dezember und 1. Januar stattfindet. Vor diesem päpstlichen Beschluß feierten die Leute Neujahr an unterschiedlichen Tagen zwischen dem 25. Dezember und 6. Januar. Der Dreikönigs-Tag hingegen lag schon im vierten Jahrhundert genau fest.

Glücks-Spiel

Ein Stein, ein Papierstern, eine Glasmurmel, eine Glitzerperle, es gibt so vieles, was ein Glückszeichen sein kann, wenn man es von einem anderen geschenkt bekommt. Die Kinder bringen so ein kleines Geschenk mit und legen es hübsch eingepackt in einen Korb.

Das Spiel begint: Jeder darf mit geschlossenen Augen in den Korb greifen und etwas herausholen. Aber ausgepackt wird erst, wenn auch der Letzte sein Päckchen in der Hand hat.

Viel Glück!

„Glück gehabt!" sagen die einen, „Schwein gehabt!" die andern. Das Schwein wird in vielen Kulturen komischerweise als negatives Symbol abgewertet, bei uns ist es zum Glück ein Glücksbringer. Wie wäre es, mit den Kindern viele kleine Schweinekekse zu backen? Dieses Glück kann man sogar aufessen!

Glück und Pech

Glück und Pech gehören oft zusammen, wer zum Beispiel bei einem Spiel gewinnt, ist Sieger und hat Glück gehabt. Die Verlierer hingegen hatten einfach Pech. Das ist für viele Kinder sehr schlimm! Doch können Kinder das Verlieren lernen, genauer gesagt, sie können von anderen lernen, wie man so ein Verlierer-Pech aushält.
Sicher haben Sie schon einmal eine richtige Pechsträhne gehabt, erzählen Sie davon. Die Kinder werden staunen, daß Ihnen so etwas passiert, und zugleich aufmerksam zuhören, wie Sie diese Situation meisterten.

Traditioneller Königskuchen

Die Zutaten: 500 g Butter, 500 g Zucker, 500 g Mehl, 12 Eier, 1 Tasse Rosinen, 1 Tasse geriebene Mandeln und die abgeriebene Schale einer Zitrone.

Die Zubereitung:
Alles gut verrühren und natürlich eine Bohne unterrühren. Dann in eine große Gugelhupf-Form füllen und etwa eine Stunde bei etwa 160 ° backen. Wer das Stück mit der Bohne erwischt, darf die gebastelte Krone aufsetzen und den restlichen Tagesablauf festlegen.

Die Geschichte der Heiligen Drei Könige

Im Morgenland lebten drei Könige. Sie waren sehr klug, lasen in ihren Schriftrollen, betrachteten jede Nacht den Sternenhimmel und konnten die Zukunft deuten. Deshalb nennt man sie heute auch die drei Weisen.
Eines Nachts sahen sie am Himmel einen besonders hellen Kometen. Sie forschten in ihren Schriftrollen und fanden heraus, daß dieser Komet die Geburt eines großen Königs ankündigte. Da machten sich die drei Könige auf den Weg, diesen König zu finden und ihm mit ihren Geschenken zu huldigen.

Mit ihren Kamelen zogen sie durch die Wüste, der Komet zeigte ihnen die Richtung und führte sie nach Bethlehem. Dort fanden sie das kleine Kind Jesus in einer armseligen Behausung. Doch die Könige wußten, daß dieses neugeborene Kind einmal eine bedeutende Person für die Menschen sein wird.
Hatten sie nicht recht?

Die ersten Tage im Neuen Jahr:

1. Januar: Wenn sich die Kinder im Neuen Jahr zum ersten Mal wieder sehen, wünscht jeder jedem mit Handschlag viel Glück!
2. Januar: Ob der alte Wetterspruch auch dieses Jahr wieder gilt?
Am Neujahrstag kalt und weiß
wird der Sommer später heiß!
3. Januar: Es gibt viele Glückszeichen: Kleeblatt, Schweinchen, Hufeisen, Schornsteinfeger. Was noch? Auf ein großes Plakat malen alle Kinder Glückszeichen für das neue Kindergartenjahr.
4. Januar: Ein Jahresbeginn ist immer auch die Zeit der guten Vorsätze. Was möchte man im Neuen Jahr besser machen? Auch die Kinder könnten sich etwas vornehmen oder sich etwas wünschen. Und was? Das geht uns Erwachsene nichts an!
5. Januar: Auch das ist ein alter Brauch: In einen Kuchen wird eine Bohne versteckt. Wer auf die Bohne beißt, ist König und darf den restlichen Tag „regieren“ und bestimmen, was gemacht wird.
6. Januar: Heute ziehen die Sternsänger, verkleidet als die Drei Könige Caspar, Melchior und Balthasar, von Haus zu Haus, singen Lieder und sammeln Spenden, die sie einem guten Zweck zuführen.

Fastnacht

Mummenschanz und Narrentanz gab es schon immer

Verkleiden und sich maskieren, das mochten die Menschen schon seit Urzeiten. Sie wollten damit böse Geister verjagen. Auch das Fastnachtstreiben gehörte dazu. Mit viel Lärm und hübsch-häßlichen Masken sollten die Wintergeister in die Flucht geschlagen werden, so daß der Frühling einziehen kann. Das ist bis heute erhalten geblieben. Zwar glauben die Menschen nicht mehr an die Wintergeister, doch tanzen, singen, hüpfen und lärmen sie auch heute noch als Narren verkleidet in den Straßen.

Quatsch machen

Alles ist verdreht, wir sitzen verkehrt herum auf den Stühlen, der Tisch ist umgedreht, wir gehen rückwärts, die Schuhe sind vertauscht, das T-Shirt schief angezogen, wir sagen zum Bauklotz Knete und legen die Autos in die Puppenbetten. Die Uhr wird eine Stunde angehalten, das ist die Stunde der Narren, die lauter verrückte Quatschsachen machen.

Grimassentanz

Eine lustige Musik tönt aus dem Kassettenrecorder, und die Kinder tanzen einen witzigen Narrentanz: Sie gehen vier Schritte in eine Richtung, bleiben stehen und ziehen eine fürchterliche Grimasse, dann gehen sie vier Schritte weiter, bleiben wieder stehen und schneiden erneut eine schrecklich-schöne Grimasse. Das ist nichts für sanfte Gemüter!

Schellenstab

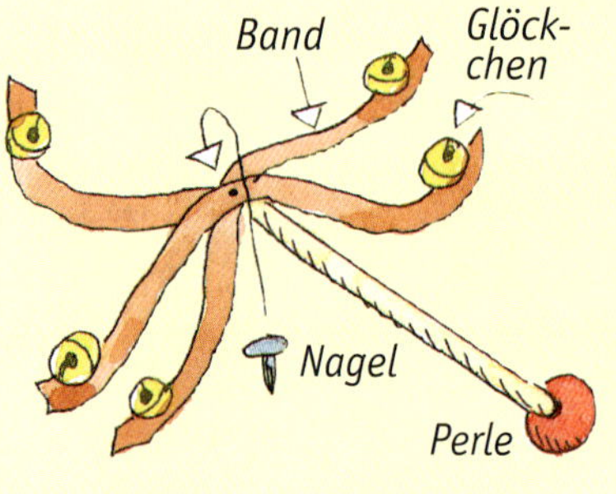

Aus einem Holzstab, bunten Geschenk- oder Stoffbändern und kleinen Schellen oder Glöckchen wird dieser Narrenstab gebastelt:
An die Bänder kleine Schellen oder Glöckchen nähen oder knüpfen und alle Bänder mit einem Nagel am Stab befestigen.

Kasperle als Wintergeist

1. Szene: Kasper verkleidet sich vor den Augen der Kinder als Wintergeist, er will die Leute beim Faschingsfest im Schloß tüchtig erschrecken.

2. Szene: Die Großmutter bittet den Seppel, ihr die Krone aufzusetzen. Sie will die Faschingsprinzessin sein. Der Seppel steckt sich ein paar Federn an den Hut, er fühlte sich schon immer als tapferer Indianer. Da kommt der verkleidete Kasperl. Die beiden erschrecken, rennen weg und rufen Kasper um Hilfe. Der freut sich, daß er nicht erkannt wurde.

3. Szene: Der Polizist erscheint als Cowboy und grölt ein Cowboylied. Auch er begegnet dem Wintergeist und rennt voller Angst davon. Da kommt der Räuber als Großmutter verkleidet. Er ist überzeugt, mit diesem Kostüm gute Beute zu machen. Mit verstellter Stimme, die manchmal in das tiefe Räubergebrumm umkippt, begrüßt er die Kinder. Als er den Kasper als Wintergeist sieht, rennt er entsetzt davon.

4. Szene: Alle sind auf dem Schloßfest und tanzen und lachen miteinander. Nur der Kasper fehlt. Der Seppel erzählt, daß der Kasper sich diesmal eine besondere Verkleidung ausgedacht hat.

5. Szene: Da saust das echte Schloßgespenst herein. Vom lauten Narrentreiben ist es munter geworden. Doch die Gäste lachen und klatschen Beifall, weil sie meinen, es wäre der Kasper. Das Gespenst wundert sich darüber sehr. Jetzt kommt auch noch der Wintergeist Kasper mit seinem lauten Juhuuu-Geschrei dazu. Da nimmt das Gespenst Reißaus. Heute ist alles verrückt, das ist sogar für ein Schloßgespenst zu viel!

6. Szene: Doch auch die andern Gäste wollen fliehen, denn sie meinen, Kasper wäre das echte Schloßgespenst. Der verrät sich aber mit seinem Lachen. So kichert nur der Kasper und kein Gespenst!
Alle lachen mit, und mit großem Gelächter verabschieden sie sich bei den Kindern.

Faschingstage im Kindergarten

Schmutziger Donnerstag: Heute werden Schmalzküchle gebacken. Ein Hefeteig aus 500 g Mehl, 20 g Hefe, 50 g Margarine, 80 g Zucker, Vanillezucker, 3 Eigelb, Salz, 1/8 l Milch wird ausgewellt, in kleine Teilchen geschnitten, in heißem Fett ausgebacken, mit Marmelade gefüllt und mit Zucker bestreut.

Freitag vor Fastnacht: Die Kinder basteln Girlanden aus Papierfähnchen oder Stoffstreifen und schmücken damit den Raum.

Samstag und Sonntag: Der Mummenschanz beginnt, Dorf- und Stadtfeste werden veranstaltet, die Kinder sind natürlich mitten dabei.

Rosenmontag: Das ist der Tag der Festumzüge. Auch im Kindergarten findet ein lustiger Umzug statt, mit verkleideten Puppen und Teddybären.
Das gibt eine Gaudi!

Faschings-Dienstag: Das Narrenspiel findet seinen Höhepunkt. Die Kinder ziehen als Narren um das Kindergartengelände und vertreiben mit selbstgebastelten Lärminstrumenten (siehe Seite 98) die Wintergeister.

Aschermittwoch: Der laute Faschingstrubel ist vorbei. Mancherorts beginnt jetzt die Fastenzeit mit einem Kirchgang. Im Kindergarten werden heute nur leise und ruhige Spiele gemacht, als Erholung und Ausgleich zum wilden Narrentreiben von gestern.

Osterfest

Der Mond zeigt an, wann Ostern ist

Die Osterzeit ist besonders geprägt von schönen, alten Bräuchen, zum Beispiel das Ostergras aussäen, ein Ostergärtlein anlegen, viele Ostereier färben und die versteckten Geschenke vom Osterhasen suchen. Letzteres ist allerdings eine Erfindung der Neuzeit. Und damit Ostern nicht ganz und gar ein Hasen-Geschenkfest wird, sollten Sie den Kindern auch von der religiösen Bedeutung des Osterfestes erzählen.
Es ist der wichtigste Feiertag der Christen:
Sie feiern und freuen sich über die Auferstehung Jesu.
Der genaue Zeitpunkt des Osterfestes wird jedes Jahr neu bestimmt: Es ist nach Frühlingsanfang und nach Vollmond der erste Sonntag.

Ostergärtlein

Die Kinder sammeln Moos, legen es auf einen Teller und stecken ein paar Wiesenblumen dazu. Oder sie graben ein kleines Stück Wiese mitsamt der Erde aus, legen es in eine Schüssel oder in ein mit Folie ausgelegtes Körbchen.

Gießen nicht vergessen! Und an Ostern wird in diesem Gärtchen vielleicht ein rotes Osterei liegen?

Osterbaum

Da können die Kinder mitmachen: Einen Blumentopf mit Erde füllen, einen Stab hineinstecken und die Erde mit Moos abdecken.
An den Stab drei unterschiedlich lange Querstäbe mit Blumendraht befestigen und mit Buchsbaumzweigen schmücken.
An Ostern werden zwölf buntbemalte Ostereier an den Osterbaum gehängt.

Eierkranz

Sieben buntgefärbte Eier werden auf einen Blumendraht aufgezogen und zu einem Kranz gebogen.
Man kann auch größere Eierkränze mit mehr Eiern basteln und an einem Stab befestigen, der zusätzlich mit Buchsbaumzweigen geschmückt wird.

Gibt es Osterhasen wirklich?

So werden Sie sicher von den jüngeren Kindern gefragt, und der erwartungsvolle Blick der Kinder verrät Ihnen, wie Ihre Antwort sein sollte. Warum den Kleinen die bunte Phantasiewelt vom Osterhasen nehmen?

Eine mögliche Antwort wäre diese: „Es gibt viele Geschichten vom Osterhasen, und die gefallen mir sehr gut!" Ein Augenzwinkern verrät den überraschten Kindern, wie Sie das meinen, und sie sind mit Ihrer Antwort zufrieden.

Ostereier schmücken

Eier mit Zwiebelmuster: Zwiebelschalen um ein rohes Ei legen, mit Mullbinde rundum festbinden und 15 Minuten in kochendes Wasser legen.
Marmorierte Eier: Eine Schüssel mit Wasser füllen, Ölfarbe mit Terpentin verdünnen und auf das Wasser tropfen lassen. Das Ei auf ein Schaschlikstäbchen schieben und über das Farbbad rollen. Zum Trocknen in eine mit Sand gefüllte Dose stecken, eine dünne Korkscheibe verhindert ein Herunterrutschen.
Rote Freundschafts-Eier: Rotkohl oder rote Beete kleinschneiden und in Wasser einige Zeit kochen, in den Farbsud etwas Essig geben und die Eier darin hart kochen.
Blüten-Eier: Das gekochte oder ausgeblasene Ei mit farblosem Lack überpinseln, Blütenblätter auf die Schale legen, zum Beispiel vom Stiefmütterchen, vorsichtig festdrücken und mit dem Lack antrocknen lassen.
Blumen-Eier: Zuerst das Ei färben, wenn es trocken ist, mit Filzstiften bunte Blumen malen.
Tupfen-Eier: Auf das weiße Ei mit einem Pinsel flüssiges Wachs tupfen. Dann das Ei in kaltes Färbebad legen, trocknen lassen und über einer Kerzenflamme die Wachstropfen weich werden lassen und mit einem Tuch wegwischen.

Eine Woche voller Brauchtum:

Gründonnerstag: Der Name stammt vom althochdeutschen Wort „greinen", das heißt weinen: Jesus weinte, als er allein im Garten Gezehmaneh war. Vielerorts gibt es an diesem Tag grüne Speisen, wie Kräutersuppe, Spinatkrapfen oder Maultaschen. Das schmeckt auch den Kindern!

Karfreitag: Das ist nach alter Tradition ein strenger Fastentag, zum Gedenken an die Kreuzigung Jesu. Es darf auch nicht gearbeitet oder geputzt werden. Das bringt Unglück. Doch wer an diesem Tag Blumen sät, wird eine besonders schöne Blumenpracht erhalten.

Ostersamstag: Am Abend vor Ostern wird nach altem Brauch das Osterfeuer entfacht. Oft sind es die alten Weihnachtsbäume, die extra dafür aufbewahrt wurden und nun verbrannt werden. Wäre das nicht eine Idee für einen ganz besonderen Elternabend?

Ostersonntag: Rot gefärbte Eier hatten früher eine besondere Bedeutung und wurden an diesem Tag als Zeichen der Freundschaft und Liebe verschenkt. Auch diesen Brauch könnten Sie mit den Kindern wieder aufleben lassen.

Ostermontag: Das beliebteste Eier-Spiel war und ist das Eierticken: Zwei Eier werden mit der Spitze gegeneinandergestoßen. Wessen Ei zerbricht, hat verloren und darf zum Trost sein Ei essen.

Mutter tag

Eine Erfindung aus den USA

Der Muttertag wird am zweiten Sonntag im Mai gefeiert. Diesen Ehrentag für die Mutter gibt es erst seit Anfang unseres Jahrhunderts. Er wurde in den USA erfunden. Die Idee verbreitete sich bald danach in Europa. Der Muttertag wurde zuerst in den Städten gefeiert und später auch auf dem Land akzeptiert. Heute hat jede Familie ihren eigenen Muttertags-Brauch, mit Blumenstrauß und Geschenken, mit Frühstück ans Bett bringen, Ausflug machen und Essen gehen. Die Rolle der Mutter hat sich allerdings seit der Erfindung des Muttertags sehr gewandelt.

Foto mit Bilderrahmen

Bringen Sie einen Fotoapparat mit und nehmen von jedem Kind mindestens zwei Fotos auf. Die Kinder können sich selber lustige Fotoszenen dazu ausdenken. Den Bilderrahmen basteln die Kinder selbst.

Ein Pappteller, wie man ihn für Partywürstchen benützt, wird bunt bemalt und mit roten Buntpapierherzen beklebt. Wenn die Fotos entwickelt sind, wählt jedes Kind ein Bild aus und klebt es in seinen Bilderrahmen.

Extra-Schmuck für den Muttertagstisch

Aus bunten Kreppapierbändern flechten die Kinder lange Zöpfe. Diese können sie nach Hause mitnehmen und den Tisch an Muttertag damit schmücken. Zeigen Sie den Kindern, wie man so eine Zopf-Girlande auf dem Tisch drapiert. Dann probieren die Kinder es gleich selber aus und haben sicher noch andere Ideen dazu.

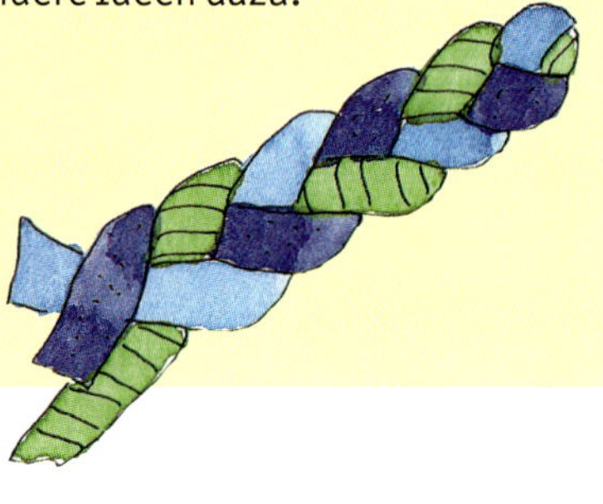

Muttertags-Hut

Das ist ein sehr originelles Geschenk. Beim Basteln machen die Kinder natürlich mit: Aus Karton einen Kreis ausschneiden mit einem Durchmesser von ca. 30 cm. Das ist die Hutkrempe. In der Mitte ein Loch in Kopfgröße herausschneiden. Zwei 4 cm breite Pappstreifen zuschneiden, quer übereinanderlegen, zu einer Wölbung zusammenschieben und als Kappe auf die Hutkrempe kleben. Jetzt kann man den Hut aufsetzen.

Den Hutrand zuerst mit Seidenpapier bunt beziehen und bekleben, dann aus Buntpapier oder Kreppapier Blumen, Sterne und Herzen basteln und als üppigen Hutschmuck dicht aneinander auf den Hutrand kleben. Ein Prachtstück ist dieser Muttertagshut, den die Mütter beim Mütter-Nachmittag von ihren Kindern überreicht bekommen.

Sonderprogramm: Meine Mami und ich

Montag: Die Mutter ist für die meisten Kinder die wichtigste Person, und sie erzählen gerne von ihr. Wer hat Lust dazu? Manchmal übernimmt auch die Großmutter diese Rolle.

Dienstag: Die Kinder malen, was sie am liebsten mit ihrer Mutter tun, zum Beispiel Kuchen backen, Geschichten erzählen, einkaufen, kuscheln oder ein Gutenachtlied singen.

Mittwoch: So viel macht meine Mama: Sie steht als erste auf, weckt mich, hilft mir beim Waschen und Anziehen, packt meine Vesperbrote ein....
Was noch? Die Kinder gehen in Gedanken den Tagesablauf durch und tragen zusammen, was ihre Mutter für sie alles macht.

Donnerstag: Wer hilft seiner Mutter zu Hause? Was macht er? Die Kinder erzählen, und manch eines wird erstaunt zuhören und lernen, wie man seiner Mami zur Hand gehen kann.

Freitag: An Muttertag wollen die Kinder ihre Mami mit dem Frühstück überraschen. Also, zeigen Sie den Kindern, wie man einen Frühstückstisch deckt, mit Geschirr und Tischschmuck. Und wer will es dann allein probieren? Das ist ein vergnügtes Spiel.

Wunsch-Bild

Aus Zeitschriften schneiden die Kinder all das aus, was sie ihrer Mutter gerne schenken würden, wenn sie viel Geld hätten. Als Collage wird alles auf ein Papier geklebt. Dieses Wunsch-Bild nehmen die Kinder mit nach Hause, um es ihrer Mutter zu überreichen. Sie wird staunen!

Ernte dankfest

Dieses Fest macht neuen Sinn

Am ersten Sonntag im Oktober feiern die Christen das Erntedankfest. Sie schmücken den Altar in der Kirche mit Ähren, Blumen und Erntegaben und danken Gott für diese Ernte. In der heutigen Welt bekommt dieser Erntedank-Tag wieder einen neuen Sinn. Erzählen Sie den Kindern, wie Sie darüber denken.

Unser täglich Brot

Das Brot gehört zu den wichtigsten Nahrungsmitteln der Menschen. Jedes Land hat sein typisches Brot. Deutschland ist bekannt für seine Vollkornbrote, in Griechenland gibt es Fladenbrote, in Frankreich Baguettes. Es gibt auch eine Vielzahl von Festtagsbroten, zum Beispiel die Neujahrsbrezel, den Osterzopf oder den Martinswecken. Kaufen Sie mal als Pausenbrote für die Kinder verschiedene Brotsorten ein, auch Knäckebrot, Zwieback und Toastbrot. Das gibt ein köstliches Versuchen und Probieren und Vergleichen.

Blumentopf-Kuchen

Dieser Kuchen steckt wirklich in einem Blumentopf. Tontöpfe sind geradezu ideal als Backform, es darf aber kein Loch im Topfboden sein. Vorbereitung: Tontopf gründlich reinigen, in kochendes Wasser stellen, gut abtropfen lassen, mit Margarine einfetten, im Backofen bei 250° etwa 30 Minuten erhitzen. Teig: 250 g Butter mit 5 Eiern und 250 g Fruchtzucker verrühren, mit 250 Mehl zu einem glatten Teig rühren und in die gefettete Form füllen. Backen: Bei 250° etwa 60 Minuten, dann abkühlen lassen und aus der Form stürzen.

Ernte-Gebet

Alle guten Gaben
alles was wir haben
kommt, oh Gott, von dir,
wir danken dir dafür.

Gemüse

Die Kinder sitzen im Kreis, in der Mitte liegt ein Korb mit Gemüse. Das Gespräch beginnt: Welches Gemüse kennen die Kinder? Welches essen sie gerne? Wo und wie wächst das Gemüse? Dann wird das Gemüse gewaschen und in kleine Stückchen geschnitten.

Die Kinder helfen mit, und zum Schluß knabbert jeder, was er gerne versuchen möchte.
Am andern Tag könnten die Kinder aus Salzteig verschiedenes Gemüse formen, trocknen lassen, anmalen und einen kleinen Gemüsemarkt aufbauen.

Früchte-Eis selbstgemacht

Früchte waschen, abtropfen lassen, säubern und pürieren, Joghurt daruntermischen. Und nun probieren: Schmeckt das Früchtemus gut, oder muß noch etwas Honig untergerührt werden? Dann wird das Eis in eine Eiswürfelschale gefüllt und in das Kühlfach gestellt. Wenn das Eis etwas heruntergekühlt und fester geworden ist, steckt man in jeden Eiswürfel ein Holzstäbchen, als Eisstil, und läßt das Früchte-Eis im Kühlfach vollends hart werden.
Auf diese Schleckerei freuen sich die Kinder bestimmt!

Kasper mag nur Schokolade

Kasperle ist bei der Großmutter zu Gast, sie hat für ihn eine Gemüsesuppe gekocht. Kasperle ist gar nicht begeistert, denn er mag nur Knackwürste und Schokolade. Die Großmutter ermahnt ihn, er müsse auch Obst und Gemüse essen, sonst wird er krank. Das glaubt der Kasperl nicht und fragt die Kinder. Die klären ihn auf. Aber zum Schluß fragt der Kasperl jedes einzelne Kind, ob es heute schon Obst oder Gemüse gegessen hat. Ja? Nein? Nun, dann wird Kasperl morgen noch einmal vorbeikommen und nachfragen, und das eine ganze Woche lang.

Wochenthema: Die Kartoffel

Montag: Kartoffeln, die ausgetrieben haben, sehen mit ihren Wurzeln wie lustige kleine Ungeheuer aus. Vielleicht haben Sie in ihrem Keller solche Kartoffeln? Die Kinder werden Namen für die Knollentiere erfinden, zum Beispiel Siebenfüßler oder Erdkrake.
Dienstag: Wer schafft es, eine Kartoffel auf einem Kochlöffel ganz schnell durch den Raum zu tragen? Natürlich sind auch Hindernisse aus Schachteln und Stühlen aufgestellt.
Mittwoch: Die Kinder basteln lustige Tiere aus Kartoffeln und anderen Naturmaterialien, wie Blätter und Kastanien, Eicheln und Hagebutten.
Donnerstag: Heute wird gestempelt! Die Kartoffeln werden halbiert, die Schnittflächen mit Fingerfarbe eingestrichen und auf ein Papier gedrückt.

Freitag: Die Grillkartoffeln können die Kinder selber zubereiten: Kartoffeln waschen, abbürsten und mit Alufolie einwickeln. Dann etwa 50 Minuten im Backofen oder auf dem Grill garen lassen. Die heiße Kartoffel auf einen Teller legen, die Alufolie mit einer Gabel aufreißen und mit einem Löffel die Kartoffel essen. Kräuterquark schmeckt gut dazu!

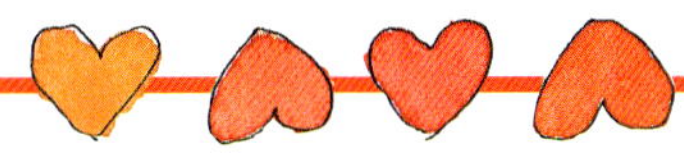

St. Martinsfest

Ein Tag mit vielen Bräuchen

Am 11. November ist der Namenstag des St. Martin. Viele Legenden ranken sich um seine Lebensgeschichte. Am Martinstag wurde früher auch zum üppigen Festschmaus eingeladen, und die Kinder zogen singend los und sammelten Geschenke ein. Doch nun alles der Reihe nach erzählt...

Das große Martins-Essen

So war es früher: Die Sommerzeit war zu Ende, die Ernte eingebracht, die Mägde und Knechte hatten einige Tage frei und besuchten ihre Familien zu Hause, und jetzt soll auch noch am Namenstag des St. Martin das vierzigtägige Weihnachtsfasten beginnen.

Alles Gründe, am Abend vorher mit der Familie, mit Freunden und Nachbarn einen großen Festschmaus zu halten. Eine Idee dazu: Diesen Brauch des Martins-Essens könnte man im Rahmen eines gemütlichen Elternabends wieder aufgreifen.

Die Martins-Gänse

Priester Martin sollte Bischof von Tours werden. Doch aus Bescheidenheit nahm er diese Wahl nicht an. Als man ihn nach Tours holen wollte, versteckte er sich in einem Gänsestall. Aber die Gänse schnatterten so laut, daß das Versteck schnell gefunden wurde.

Und weil St. Martin auch als Bischof ein guter und wohltätiger Mann war, verehrten ihn die Leute sehr. Eine Idee dazu: Auf die Fensterscheiben des Gruppenraums könnten die Kinder mit Fingerfarbe lauter Gänse malen.

Der Martins-Umzug

Früher schnitzten die Kinder ihre Laternen aus Kürbissen oder Zuckerrüben (siehe Seite 99), zogen damit durch die Straßen und sangen Heische-Lieder. Heute marschieren die Kinder mit Papierlaternen los und singen Laternenlieder oder Lieder vom St. Martin. In manchen Orten gibt es einen St. Martins-Umzug, vorneweg mit Schimmel und Reiter, verkleidet als St. Martin, der den Kindern Martins-Wecken schenkt.
Eine Idee dazu: Organisieren Sie für die Kindergärten einen großen Laternenumzug, auch mit einem Reiter, der als St. Martin verkleidet den Umzug anführt.

Checkliste für den Laternen-umzug:

5 Tage vorher: Wer soll zum Umzug eingeladen werden? Die Kinder vom andern Kindergarten oder die Familien, oder die Kinderschar besucht ein Altenheim oder Krankenhaus? Die Einladungen werden kopiert, und die Kinder malen sie bunt an. Lassen Sie sich telefonisch die Einladung bestätigen.
4 Tage vorher: Heute basteln die Kinder ihre Laternen.
3 Tage vorher: Die Kinder üben ein kleines Theaterstück von St. Martin ein. Die Geschichte wird von Ihnen erzählt, und die Kinder spielen dazu ein Pantomimespiel.
2 Tage vorher: Welchen Weg werden die Kinder beim Laternen-umzug gehen? Vielleicht gibt es einen großen Platz, wo alle eine Laternen-Polonaise machen können? Dort wird dann auch das Theaterstück aufgeführt.
1 Tag vorher: Die Kinder backen Martinswecken.
Umzugstag: Die Kinder singen und üben Laternenlieder. Alles ist vorbereitet, der Umzug kann am Nachmittag losgehen!

Das Martins-Spiel

Die Legende, wie St. Martin als Soldat seinen Mantel in zwei Stücke teilte und einem Bettler die eine Hälfte schenkte, ist auf Seite 53 nachzulesen. Es ist ein alter Brauch, diese Szene am Schluß des Martins-Umzugs als Theaterstück aufzuführen.

Eine Idee dazu: Die Kinder spielen auch das Theaterstück vor.
St. Martin reitet dabei auf einem Holzsteckenpferd.

Die Martins-Wecken

Aus diesem Hefeteig können 15 bis 20 kleine Wecken gebacken werden:
500 g Mehl, 30 g Hefe, etwa 1/4 l Milch, 50 g Zucker, 1 Prise Salz, 100 g Margarine, 1 Ei.
Alle Zutaten müssen Zimmerwärme haben, dann gelingt der Hefeteig. Diesen gut durchkneten und in einer Schüssel 30 Minuten gehen lassen.

Danach kleine Kugeln in der Hand rollen und aufs Backblech legen.
Wer will, kann die Wecken mit Eigelb überpinseln und Sesam-, Sonnenblumen- oder Kürbiskörner darauf streuen. Nochmals 30 Minuten gehen lassen und dann bei 200 ° ca. 30 Minuten backen.

Adventszeit

Eine Zeit mit vielen Überraschungen

Auch die Adventszeit ist eine mit Brauchtum ausgefüllte Zeit, da gibt es den Adventskranz, den Adventskalender, den St. Barbarazweig, die Wichtelgeschenke, den Nikolaus und die vier Advents-Sonntage, die das Christfest ankündigen. Das alles gefällt den Kindern sehr, und sie freuen sich darauf. Vor allem wenn sie den Ablauf der Adventszeit kennen und wissen, was sie alles miteinander spielen und erleben werden. Nun kommt es auf Ihre Phantasie an, wie Sie mit den Kindern diese schöne Zeit der Überraschungen und Heimlichkeiten gestalten.

Wichteln

Dies ist ein Überraschungsspiel für Leute, die Heimlichkeiten mögen. Wie wäre es, wenn Sie mit Ihren Kolleginnen wichteln würden? Es geht so: Alle Mitspieler schreiben ihren Namen auf einen Zettel, diese werden in einem Korb gemischt und jeder zieht einen. Hat er seinen eigenen Zettel erwischt, kommen nochmals alle in den Korb zurück. Jeder muß demjenigen, dessen Namen er bekommen hat, ein kleines Überraschungspäckchen schenken, ohne daß dieser merkt, von wem es ist. Ein Raten beginnt, aber verraten darf es keiner! Im Namen der Wichtel, das ist Ehrensache!

Lichtel-schwimmen

Jedes Kind bekommt einen Kerzenstummel und eine halbe Nußschale, dann wird etwas Wachs in die Nußschale getropft und schnell drückt das Kind sein Kerzenstümpchen darauf. Jetzt hält es fest. Die größte Schüssel, die Sie haben, wird aufgestellt und mit Wasser gefüllt. Die Kerzen in den Nußschalen werden angezündet, und jedes Kind darf selber ganz vorsichtig sein kleines Schiffchen aufs Wasser setzen. Es sieht schön aus, wie sich das Kerzenlicht im Wasser spiegelt.

Barbara-Zweig

Der 4. Dezember ist der Tag der Heiligen Barbara. Sie lebte im 4. Jahrhundert, stammte aus einer reichen Kaufmannsfamilie und ist die Schutzheilige der Bergleute. An ihrem Namenstag holt man, nach altem Brauch, einen Kirschbaumzweig mit Blütenknospen, legt diesen über Nacht in lauwarmes Wasser und stellt ihn am andern Tag in eine Vase. Wie durch ein Wunder blüht er an Weihnachten.

Adventszeit und Adventskranz

Advent heißt Ankunft, und gemeint ist die Ankunft Christi. Advent ist die Zeit der letzten vier Wochen vor Heiligabend.
Den Adventskranz gibt es allerdings erst seit 1838. Johann Heinrich Wichern hat den heidnischen grünen Zauberkranz, der alles Böse abwenden und Segen bringen soll, in den christlichen Adventskranz umgewandelt. Er schmückte ihn mit Kerzen und zündete täglich vor der Andacht eine Kerze mehr an.

Mistelzweig

Es ist ein schöner Brauch, in der Weihnachtszeit einen Mistelzweig über die Tür zu hängen, als Symbol für Frieden und Freundschaft. Wer sich unter dem Mistelzweig begegnet, darf sich küssen. Wenn zwei streiten, sollen sie sich unter dem Mistelzweig wieder versöhnen.

Die erste Adventswoche

Montag: Lesen Sie den Kindern heute eine lange Geschichte vor. Die kleinen Zuhörer bekommen dabei duftenden Früchtetee serviert.

Dienstag: Heute bastelt jedes Kind einen Goldpapierstern und hängt ihn selber an den Adventskranz. Diesmal erzählen Sie aus ihrer Kindheit und wie Sie die Adventszeit erlebten.

Mittwoch: Plätzchen-Duft gehört auch in die Adventszeit. Heute backen die Kinder Adventssterne: 500 g Mehl, Backpulver, 150 g Zucker und 2 Eier. Alle Zutaten verkneten, den Teig ausrollen und Sterne ausstechen. Backzeit 10 Minuten bei 175°.

Donnerstag: Kokosnüsse liegen auf dem Tisch. Sie werden geöffnet, und jeder darf von der hellen Kokosmilch und dem harten Fruchtfleisch kosten. Dann lesen Sie bei Kerzenschein ein Adventsgedicht vor. Oder können Sie es auswendig vortragen? Das würde die Kinder beeindrucken.

Freitag: Die Kinder formen einen Kerzenständer aus Ton. Wird es ein Engel, der die Kerze hält, oder ein Wichtel, der neben der Kerze steht? Die Kinder arbeiten still, und Sie lesen in dieser Zeit eine Weihnachtsgeschichte vor.

Lebkuchenhaus

Das ist ein ganz besonderer Adventskalender, jeden Tag darf ein anderes Kind etwas von dem Zuckerbäckerhäuschen naschen. Klar, daß die Kinder beim Hausbau helfen, das macht großen Spaß und geht so: Aus Karton ein Haus basteln, viele Lebkuchen und Kekse, gekauft oder selbstgebacken, und andere Süßigkeiten bereitlegen.
Dann eine Zuckermasse anrühren: Eiweiß von zwei Eiern steif schlagen und 500 g Puderzucker unterrühren. Mit diesem Zuckerbrei das Haus bestreichen und die Süßigkeiten aufdrücken. Zum Schluß das ganze Lebkuchenhaus mit Puderzucker überstäuben und in ein Naturgärtlein mit Moos-Wiese und Tannenzapfen-Bäumen stellen.

Nikolaustag

Der Nikolaus gehört einfach dazu

Der Nikolaus ist und bleibt für Kinder eine Respektsperson. Da können auch die kleinen, niedlichen Schokoladen-Nikoläuse nicht helfen, bei denen man so schnell geschwind den Schokoladen-Kopf abbeißen und aufessen kann. Vielleicht liegt es an der tiefen Stimme des Nikolaus, oder an dem langen weißen Bart, daß sich die Kinder ein bißchen fürchten? Die meisten meinen, es ist der unheimlich große Sack! Nun, wenn das der angsteinflößende Gegenstand ist, dann kann man ihn ja weglassen. Vorher sollten Sie aber die Kinder selber befragen. Wie dem auch sei, ein Nikolaus gehört in die Kinderzeit, verbunden mit dem aufregenden Erlebnis, dem schlechten Gewissen, dem Zittern der Knie und schließlich der Freude, wenn der Nikolaus einen lobt und ein Geschenk hervorholt.

Was macht der Nikolaus im Sommer?

Diese Frage beschäftigt manche Kinder sehr. Da wir das nicht wissen, denken wir uns die Antwort aus und erfinden gemeinsam eine lustige Nikolausgeschichte von Januar bis Dezember.

Der Heilige Nikolaus

Ja, den gab es wirklich, er lebte als Bischof in Myra, in Kleinasien. Von ihm gibt es viele Geschichten, und die meisten haben zum Inhalt, daß St.Nikolaus den armen Kindern mit seinen Gaben half. So erübrigt sich die Frage, die von älteren Kindern immer wieder gestellt wird: „Gibt es den Nikolaus in echt?" Die Antwort ist überzeugend einfach:"Ja, es gab ihn wirklich!" Mehr muß man nicht antworten, um dem geheimnisvollen, aufregenden Nikolaustag nicht den Zauberglanz zu nehmen. Mit einem Augenzwinkern ist auch den kleinen Schlaumeiern eine Erklärung gegeben, das verstehen sie.

Die guten und schlechten Taten

Der Nikolaus hat ein goldenes Buch, da stehen alle guten Taten und böse Streiche drin. Diese Allwissenheit des Nikolaus muß man ja nicht übertreiben. Wie wäre es mit einer Gesprächsrunde, bei der jedes Kind selber sagt, was es Schönes gemacht hat und was es nächstes Mal unterlassen oder besser machen möchte.

Ein ernstes Gespräch, bei dem auch der Nikolaus dabei sein und zuhören könnte. Aber nur, wenn es die Kinder erlauben, und mitmachen und reden ist sowieso freiwillig!

Noch mehr Ideen!

Nüsse vom Nikolaus

Dieses Mal hat der Nikolaus einen ganzen Sack Walnüsse mitgebracht, dazwischen steckt ein Zettel, auf dem viele Spiele und Bastelideen aufgeschrieben sind. Eine prima Idee vom Nikolaus!

Nuß-Mäuschen: Aus einer Walnußschale wird eine kleine Maus gebastelt: Die Schnauze ist ein klitzekleines Seidenpapier-Knäuel, die Schnurbarthaare sind aus Zwirn, die Augen sind aufgemalt, die Ohren sind aus rosa Buntpapier, und das Schwänzchen ist ein Wollfaden.

Nuß-Klapper: Ein Streifen aus Pappe wird zur Hälfte geknickt, auf jede Seite eine Nußschale geklebt. Fertig ist das kleine Musikinstrument.

Nuß-Spaß: „Ich zeige euch etwas, was noch keiner vorher gesehen hat und was keiner nachher je wieder sehen wird!" Mit diesen geheimnisvollen Worten öffnen Sie eine Nuß, zeigen diese den Kindern und essen die Nuß einfach auf. Verschwunden ist sie – und niemals mehr zu sehen!

Wurfspiel: Ein Korb steht mitten auf dem Tisch, jeder Spieler hat drei Nüsse und versucht, sie in den Korb zu treffen. Nüsse, die im Korb landen, bleiben drin. Wer hat zuerst seine drei Nüsse im Korb?

Goldene Nüsse: Die beiden Nußschalenhälften werden mit Goldlack angestrichen, getrocknet, dann wieder zusammengeklebt, dazwischen vorher eine Goldfadenschlaufe einklemmen.

Das gute, alte Apfelmännlein

Diesen Zipfelmützenkerl mit dem Apfelbauch haben schon die Großmütter gebastelt: Der Kopf ist eine Walnuß und wird mit einem Zahnstocher auf den blankpolierten Apfel gesteckt.
Der Mantel ist aus Kreppapier, die Mütze aus Buntpapier, der lange weiße Bart aus Watte, und das Gesicht wird auf die Nuß aufgemalt. Fertig.

Kinder, kommt und ratet,
was im Ofen bratet!
Hört, wie's knallt und zischt!
Bald wird aufgetischt,
der Zipfel, der Zapfel,
der Kipfel, der Kapfel,
der gelbrote Apfel.

Kinder, lauft schneller;
holt einen Teller,
holt eine Gabel!
Sperrt auf den Schnabel
für den Zipfel, den Zapfel,
den Kipfel, den Kapfel,
den goldbraunen Apfel.

Sie pusten und prusten,
sie gucken und schlucken,
sie schnalzen und schmecken,
sie lecken und schlecken
den Zipfel, den Zapfel,
den Kipfel, den Kapfel,
den knusprigen Apfel.

Zauberapfel

Der Apfel wird quer in mehrere dünne Scheiben geschnitten und dann wieder genau zusammengefügt. Die Apfelscheiben kleben fest aneinander, und es sieht aus, als wäre der Apfel gar nicht aufgeschnitten worden.

Weihnachten

Jeden Tag ein bißchen mehr

Wenn die Weihnachtszeit beginnt, hängen Sie nicht gleich den ganzen Raum mit Weihnachtsschmuck voll, sondern lassen Sie die feierliche Stimmung langsam einkehren. Das ist gar nicht so einfach, denn in den Warenhäusern wird längst Weihnachten gefeiert, die Schaufenster sind voller Weihnachtsgeschenke, und im Werbefernsehen winkt das Christkind und fragt die Kinder nach ihren Wunschzetteln. Versuchen Sie, trotzdem oder gerade deshalb, den Kindern im Kindergarten ein anderes Weihnachten zu zeigen, so daß sie miteinander eine schöne, besinnliche und stimmungsvolle Zeit erleben.

Kinder schmücken den Christbaum

Was für eine Überraschung, da steht im Gruppenraum ein echter, grüner Tannenbaum. Daraus wird der Weihnachtsbaum. Das geht so: Jeden Tag basteln die Kinder einen anderen Baumschmuck und hängen ihn auch gleich an die Zweige. So wird der Weihnachtsbaum von Tag zu Tag voller und bunter und prächtiger, und die Kinder sehen, daß Weihnachten immer näher rückt.

Silberkugeln

Diesen Weihnachtsschmuck können schon die kleinsten Kinder basteln: Man braucht dazu eine Sammlung Schokoladenpapier oder Alufolie, alles gebraucht, jedoch mit Seifenwasser gesäubert und wieder getrocknet, Zahnstocher, Silberdraht oder Blumendraht.
Ein Stück Alupapier nehmen, um einen Zahnstocher knäueln, zu einer kleinen Kugel zusammendrücken und das Hölzchen wieder herausziehen. Mehrere Silberkugeln auf den Draht auffädeln, zu einem Kranz schließen und zusätzlich eine Aufhängeschlaufe biegen.

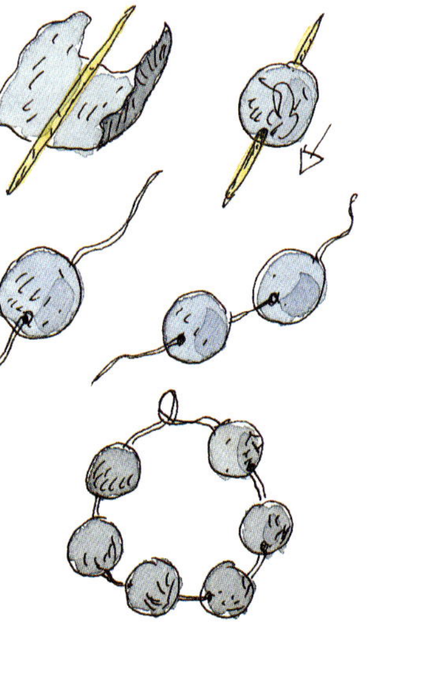

Glitzender Weihnachtsgruß

Das ist eine besondere Arbeit für die größeren Kinder: Dekokarton in Postkartengröße zuschneiden, mit Bleistift ganz dünn einen Stern aufzeichnen, diesen mit Pinsel und Kleister „anmalen", dann Glimmer darüberstreuen.

Ist der Kleber getrocknet, hält auch das Glimmerpulver fest. Den Rest zur Wiederverwendung auf einen Teller kippen. Jetzt kommt der Glitzerstern zum Vorschein.

Anhänger aus Ton

Auch hier können die Kleinen bereits mitbasteln. Den Ton etwa 5 mm dünn ausrollen, mit Ausstechförmchen kleine Figuren ausstechen und ein Loch für den Aufhänger mit einer Stricknadel durchstechen. Die Figuren trocknen lassen und einen Goldfaden durch das kleine Loch ziehen. Diese Figuren können das Fenster oder draußen im Garten einen kleinen Weihnachtsbaum schmücken, oder sie werden an bunte Karten aus starkem Karton befestigt und als Weihnachtsgrüße verschenkt.

Weihnachtskugeln

Diese sind so einfach anzufertigen, daß alle Kinder eine Kugel basteln können: Zeitungspapier in Wasser etwas einweichen, dann zu einer Kugel zusammendrücken, so groß, wie eben Christbaumkugeln sind, dann zwischen den Händen rollen und zum Trocknen auslegen. Als nächstes eine Schlaufe aus Geschenkband mit Klebeband auf die Kugel kleben, dann schönes Papier in kleine Stücke reißen, mit Kleister einpinseln und rund um die Kugel kleben. Ist alles wieder trocken, sind die Kugeln fertig und können den Weihnachtsbaum schmücken.

Noch mehr Ideen!

Schmuckketten für den Weihnachtsbaum

Strohketten: Strohhalme in kleine Röhrchen schneiden und abwechselnd mit Holzperlen oder Papiersternchen auf lange Goldfäden aufziehen.

Goldketten: Aus Goldfolie werden etwa 10 cm lange und 1 cm breite Streifen geschnitten, den ersten zu einem Ring kleben, dann den nächsten Streifen durchziehen, auch zu einem Ring schließen, und so weiter, bis die Ringkette lang genug ist.
Sternenketten: Aus Bastelfolie kleine Sterne ausschneiden oder falten, dann mit Nadel und Goldfaden die Sterne an einer Zacke mit einem kleinen Heftstich auffädeln.

Perlenkette: Aus Salzteig oder Ton kleine Perlen formen, mit einer Stricknadel ein Loch zum Auffädeln durchdrücken, trocknen lassen, mit farbigem Lack anmalen und gleich auch etwas Glimmer drüberblasen, wieder trocknen lassen und zu einer Kette auffädeln.
Keksketten: Die Kinder backen Kringel, Sterne und Herzen, und alle Kekse haben in der Mitte ein Loch, damit man sie aufhängen kann. Nach dem Backen eine Geschenkbandschlaufe anbringen und einzeln an ein langes Band knüpfen, so daß die Kekse nicht zusammenrutschen.

Weihnachtsfest

Wann ist denn das richtige Fest?

So erleben die Kinder heute Weihnachten: Weihnachtslieder dödeln durch die Lautsprecher der Geschäfte, Weihnachtsbäume stehen in den Warenhäusern, voll behangen mit Glitzer und Tand, Lebkuchen und Zimtsterne verbreiten Weihnachtsduft, Krippenfiguren stehen in den Regalen, viele Schafe, viele Marias und Josefs, viele Engel und besonders viele Jesulein in kleinen Krippen.
Und dann gibt es noch die vielen Weihnachtsfeste, im Sportverein, in der Musikschule, in der Malschule, im Kinderballett, in der Kinderkirche, bei der Omi und irgendwann dann auch zu Hause, zwischen Geschenke-Auspacken und Festmenü. Ja, wann ist denn nun das richtige Weihnachtsfest? Die Kinderfrage ist berechtigt. Sprechen Sie mit den Kindern, wie dieses Fest im Kindergarten aussehen könnte, überlegen Sie gemeinsam das Programm und lassen Sie die Kinder bei den Vorbereitungen mitmachen. Denn Vorfreude ist eine schöne Freude! Vielleicht werden Sie dann mit den Kindern ein echtes, stimmungsvolles, schönes Weihnachtsfest erleben.

An andere denken

Das gehört auch zu Weihnachten. Wem könnten die Kinder eine Freude machen? Im Krankenhaus zum Beispiel Weihnachtslieder singen, im Altenheim gebastelten Weihnachtsschmuck aufhängen oder den Nachbarn des Kindergartens gebastelte Grußkarten überreichen. Was noch?

Die ersten Weihnachtskrippen

Im Jahre 1223 in Greccio, da stellte Franz von Assisi mitten im Wald eine Krippe auf, füllte sie mit Heu und stellte Ochs und Esel dazu. Vor dieser anschaulichen Kulisse erzählte er der Gemeinde das Weihnachts-Evangelium.

Eine andere Geschichte erzählt, daß der Heilige Hieronymus in Bethlehem vor der Geburtsgrotte die Weihnachtsgeschichte nachstellte.
Und das war im Jahre 386.

Der Geburtstag von Jesus ist unbekannt, in der Bibel steht darüber nichts Genaues. Da beschloß Konstantin der Große, daß es der 25. Dezember ist.
Ein Jahrtausend später hatte Martin Luther die Idee, die Kinder am Abend vorher zu bescheren. Er wollte damit das Christfest endgültig von den heidnischen Winterbräuchen und den katholischen Zeremonien lösen.
Mit dem Heiligabend sollten die jungen Familien ein anderes, neues Weihnachtsfest erleben.

Friedensfest

Der Engel in der Weihnachtsgeschichte verkündet: Frieden sei auf Erden! Was können die Kinder zu diesem Frieden beitragen?

Da gibt es einiges zu besprechen. Lassen Sie die Kinder reden, die haben bestimmt wunder-bare Ideen, man braucht ihnen nur zuzuhören!

Die schönste Weihnachtserinnerung

Eine Geschichte zum Vorlesen:

Ich möchte von einem besonderen Weihnachtsfest erzählen, das ich als Kind erlebt habe. Wollt ihr die Geschichte hören?
Ich war so alt wie ihr oder ein klein bißchen älter. Ich ging damals jeden Freitag nachmittag in eine Spielgruppe, da war immer etwas los. Die Gruppenleiterin hieß Hedwig. Kurz vor Weihnachten lud sie uns mit unseren Eltern ein. Um 17 Uhr sollten wir da sein und Laternen mitbringen. Hedwig führte uns durch die Straßen hinaus in den Stadtwald. Der Weg war weit, aber wir schwatzten miteinander, so verging die Zeit schnell. Am Waldrand angekommen, mußten wir unsere Laternen ausblasen. Jetzt war es ganz dunkel. Doch dann sahen wir nicht weit entfernt ein Licht flackern. Der Waldweg führte darauf zu. Als sich unsere Augen an die Dunkelheit gewöhnten, sahen wir noch mehr Kerzen, sie beleuchteten einen Weg. Erwartungsvoll folgten wir der Lichterspur. Dann war plötzlich ein kleiner Tannenbaum zu sehen, der mit seinem Kerzenschein den dunklen Wald erhellte. Wir standen alle ganz still und staunten. Dann sangen wir laut und begeistert „Oh Tannenbaum!"
So feierten wir mitten im Wald ein Weihnachtsfest. Zum Schluß durften alle vom kleinen Christbaum eine Kerze mit nach Hause nehmen. Die Kerze besitze ich nicht mehr, aber die wunderbare Erinnerung ist erhalten geblieben!

Kinder basteln eine Krippe

Bastel-Ecke: Diese Bastelarbeit kann einige Tage dauern. Dafür wird extra ein Basteltisch aufgestellt, und die Materialien liegen bereit. Wer will, macht mit!
Stall: Aus Rindenstücken wird ein Stall gebaut, der Boden mit Moos ausgelegt. Ein großer Strohstern schmückt den Eingang, an der Wand ist ein kleiner Holzstapel mit Ästchen aufgeschichtet. Die Krippe ist aus Hölzchen oder Pappe gebastelt und mit Stroh ausgepolstert.
Landschaft: Bäume sind kleine Zweige, auf Knete gedrückt, Tannenbäume sind die langen Tannenzapfen. Mit Moos und Sand und Steinchen wird eine Weide für die Schafe gestaltet.
Figuren: Kopf und Hände werden aus Wachs geformt, der Körper aus Blumendraht, Hände und Kopf werden über den Draht geschoben, die Wollhaare aufgeklebt, der Körper ist ein Wattebausch und wird mit Wolle fest umwickelt, die Stoffkleidung wird einfach festgeklebt. Wirkungsvoll sind kleine Dinge wie Gürtel, Hut, Stab, Umhang, Schal oder Trinkflaschen aus Ton.
Tiere: Sie werden aus Ton oder Knete geformt, die Schwänze sind ausgefranste Wollfäden, die Ohren können aus Karton ausgeschnitten und aufgesteckt werden.

Stichwort-Register

Spiel und Sport

Abzählvers 66
Ampelspiel 74
Auf Löwenjagd 92
Auto-Rennen 66
Bauklötze 31
Domino 66
Einkaufen 71
Eis und Schnee 21
Farbenspiele 64
Faul Ei 35
Freunde 53
Glücksspiel 106
Gruselspiel 98
Hände und Füße 51
Hindernislauf 11
Hör-Spiele 47
Kasperl-Theater 33
Katz und Maus 84
Kennenlernspiele 50
Knöpfe 35
Kofferpacken 21
Kreisel 25
Laternenumz 116
Luftballon 27
Mistelzweig 119
Murmeln 24
Postspiel 70
Puppenausflug 32
Puppengeburtstag 32
Quatschmachen 108
Riech-Spiele 38
Ritterspiele 96
Schattenprofile 38
Schattenspiele 13
Schatzsuche 93
Schmecken 40
Seh-Spiele 45
Seifenblasen 27
Spielsachen 57
Taschentuch 34
Tast-Spiele 42
Tiere-Raten 85
Unter der Decke 52
Vertrauen 53
Wichteln 118
Wiesenspiele 11
Zaubern 35

Basteln und Bauen

Apfelmännlein 121
Bauernhof 89
Bauklötze 31
Bilderrahmen 112
Blättertiere 83
Christbaumschmuck 122
Feuer-Drachen 97
Fotoapparat 52
Fotowand 58
Freundschaftsband 54
Geister 99
Gespenst 35
Gespenster-Puppen 99
Hörgeräte 46
Hühnergackern 88
Knetefiguren 31
Knete selbstgemacht 30
Kreiselhaus 25
Lichtel-Schwimmen 118
Luftballon-Zwerge 26
Masken 103
Murmelbahn 25
Murmeln 25
Muttertags-Hut 113
Natur-Spielzeug 83
Nüsse-Bastelei 121
Ostereier 111
Osterschmuck 110
Plüschtier-Zoo 89
Ritterburg 96
Rosarote Brille 44
Schatzkästlein 59
Schellenstab 108
Schneeflocken 21
Sägemehl-Knete 30
Seifenblasen-Lauge 27
Seifenblasen-Ringe 27
Sonnenuhr 12
Taschentuch-Kasper 34
Telefon 46

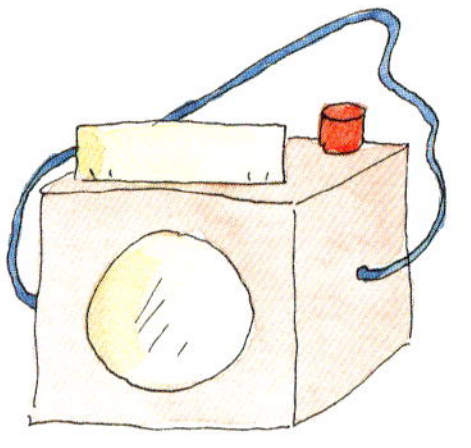

Tiermasken 103
Tischschmuck 112
Wanduhr 73
Waschraum-Meer 56
Weihnachtskrippe 125
Weihnachtsschmuck 123
Windhaus 15
Windschlange 14
Wohnzimmer 61
Wolkenkissen 19
Uhr 72
Zauberapfel 121
Zimmerschmuck 123
Zirkuszelt 103
Zwerge 82

Malen und Gestalten

Bilder-Tagebuch 54
Familienbild 51
Farben-Collagen 65
Farben-Zauberei 65
Fensterbild 78
Fernseh-Bilder 94
Katzen-Malspiel 84
Kinderträume 51
Mandala legen 83
Martins-Gänse 116
Muschelbilder 28
Natur-Kunst-Werk 28
Überraschungsbrief 70
Weihnachtsgruß 123
Wiesen-Gemälde 79
Wolkengesicht 18
Wunschbild 113
Zoo-Bilderbuch 89

Fünf Sinne

Aussehen 45
Blicke 45
Frühling 78
Fühlen 43
Geräusche-Studio 46
Glockenklänge 47
Hände 42
Herzklopfen 52
Hören 47
Klimperbüchse 83
Klingende Steine 29
Milchbar 41

Regen 16
Riechen 39
Schmecken 40
Schnupper-Ausflug 39
Tasten 43
Wege spüren 42
Wer bist du? 42
Winter 20
Zuhören 55

Tiere und Pflanzen

Barbarazweig 118
Bienen 87
Blätter 83
Frühling 78
Natur-Ausstellung 82
Naturschutz 86
Natur-Spielzeug 83
Ostergärtlein 110
Pflanzen wachsen 81
Pfanzen-Zelt 80
Schnecken 87
Spinnen 86
Stecklinge ziehen 81
Waldspiel 100
Wiese 81

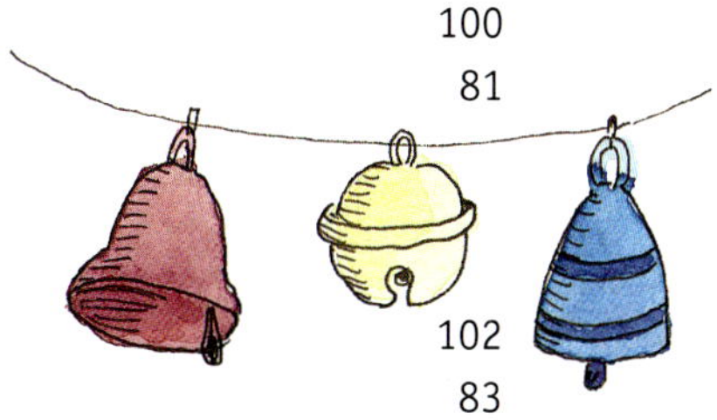

Musik und Tanz

Bären-Reigen 102
Blätter-Musik 83
Blätter-Tanz 14
Blumen-Musik 79
Busfahrt 74
Elefanten-Tanz 102
Farbenlied 65
Farben-Reigen 64
Geister-Rasselmusik 98
Gewitter-Musik 17
Grimassen-Tanz 108
Luftballon-Tanz 26
Musik 47
Sonnen-Tanz 10
Zuhören 55

Theater und Darstellendes Spiel

Bären-Pantomime 85
Clowns 102
Drachenmonster 97

Theater und Darstellendes Spiel

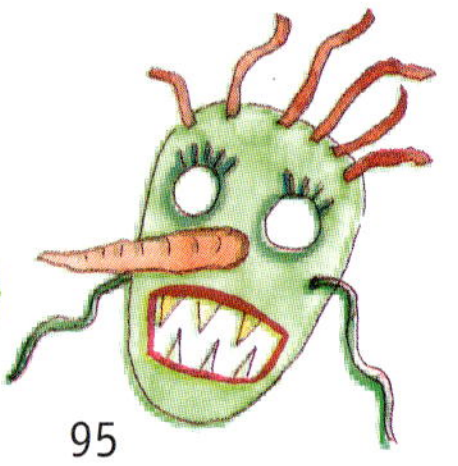

Fernseh-Spiel 95
Kasperles Abenteuer 92
Kasperl-Gespenst 109
Kasperl-Theater 33
Katzen und Mäuse 84
Löwenjagd 92
Märchensendung 95
Masken 103
Ritter 96
Rollenspiel 60
Schattenbilder 95
Schattenspiele 13
St. Martins-Spiel 117
Taschentuch-Kasper 35
Tiere 103
Tischtheater 94
Wiesenblumen-Spiel 79
Zirkus-Tag 102

Geschichten und Phantasiereisen

Als der liebe Gott die Erzieherin schuf 3
Auf Löwenjagd 92
Bärengeschichte 85
Bratapfel-Gedicht 121
Gespenster-Geschichte 99
Heilige Drei Könige 107
Märchen-Ecke 94
Märchen erzählen 94
Regengeschichten 16
Urgroßmutter erzählt 59
Weihnachtsgeschichte 125
Wolkenreise nach Afrika 18
Wunschtraum: Spielzimmer 60
Zoo-Geschichten 89

Lernen und Beobachten

Ampelspiel 74
Augen 44
Bauernhof 88
Bienen 87
Briefträger 71
Brot 114
Essen 41
Farben 64
Gemüse 115
Hammer 69
Kerze anzünden 69

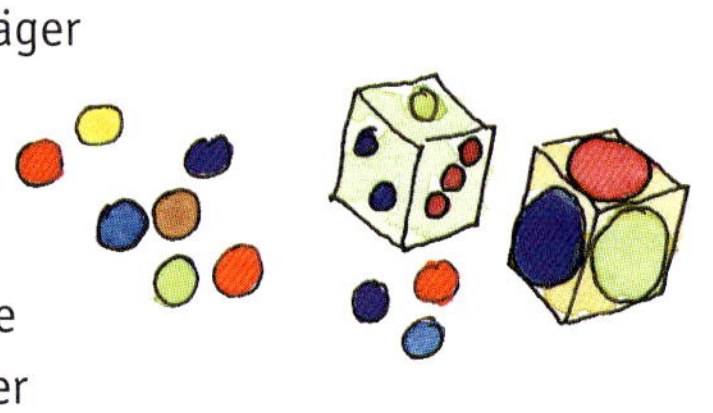

Kindergarten 57
Löwenzahn-Wiese 78
Marienkäfer 86
Messer und Gabel 68
Minuten 72
Muscheln 29
Namen lernen 55
Pflanzen wachsen 81
Post 70
Rennfahrer 74
Riechen 39
Schere 68
Schnecken 87
Schneeflocken 20
Schneekristalle 20
Sonnenstrahlen 12
Spinnen 86
Stecklinge ziehen 81
Straßenszenen 75
Stunden 74
Werbe-Tricks 71
Wolken 19
Zahlen 66
Zählen 67
Ziffern 67

Gespräche mit den Kindern

Abenteuer-Insel 92
Adventszeit 119
An andere denken 124
Bauernhof 88
Beruf 61
Bild betrachten 45
Ernährung 115
Erntedankfest 114
Etwas Nettes sagen 53
Familie 51
Frieden 125
Glück und Pech 106
Großeltern 58
Gute Taten 120
Interview 51
Kindergruppe 54
Kinderträume 51
Licht 12
Lieblingsecke 57
Naturschätze 29
Osterhase 111
Raum gestalten 56
Regen 16

Schlechte Laune 50
Schokolade 115
Sehen 44
Sonne 10
St. Nikolaus 120
Streiten 125
Tagesablauf 73
Weihnachten 124
Wind 14
Winter 21
Wohnen 56
Zoo-Geschichten 89

Fest und Feier

Advent 118
Erntedankfest 114
Fastnacht 108
Märchen-Fest 95
Muttertag 112
Neujahr 106
Ostern 110
St. Martin 116
St. Nikolaus 120
Sport-Fest 101
Weihnachtsfest 124
Weihnachtszeit 122
Zirkus-Fest 102

Rezepte aller Art

Blumentopf-Kuchen 114
Duftseifen 39
Früchte-Eis 115
Knete 30
Königskuchen 107
Lebkuchenhaus 119
Martins-Wecken 117
Sägemehl-Knete 30
Schmalzküchle 109
Schneeball-Kekse 20
Seifenblasen-Lauge 27

Extra Spiel-Ideen-Sammlungen

Bauernhof 89
Faschingstage 109
Geben, teilen, helfen 53
Indianerspiel 101
Kaufladen-Spiel 71
Knopf-Spiele 34
Laternen-Umzug 117
Märchenfest 95
Muscheln 29
Naturspielzeug 83
Neues Jahr 107
Nüsse 121
Osterzeit 111
Post-Spiel 70
Schatzsuche 93
Schauen 45
Schnee und Eis 21
Seifenblasen 27
Sportfest 101
Tasten und Fühlen 43
Tiere 85
Übernachten im Kindergarten 99
Waldspiel 100
Wasser-Spiele 11
Zählen lernen 67
Zirkus-Tag 102

Extra Wochen-Themen

Alles dreht sich 24
Bastel-Woche 87
Bauklötze 31
Eis und Schnee 21
Erste Adventswoche 119
Fremde Länder 61
Gärtnern 80
Geschmack 41
Grüne Woche 65
Hell und dunkel 13
Ein ganzes Jahr 73
Kartoffel 115
Kasperl
Lachen 51
Mami und ich 113
Musik 47
Regenwetter 17
Ritter 97
Scheren-Schnipselei 69
Schnuppern 39
Sitzplätze im Stuhlkreis 55
Sonne 10
Spielsachen kennenlernen 57
Wind 15
Wolkenbilder 19
Verkehrserziehung 75